Deutsch Heute

최신 독일어 회화

류종영 편저

편저자

류종영(柳鍾永)

경북대학교 사범대학 독어과를 졸업하고 독일 뮌헨에서 괴테 인스티투트 디플롬을 받았다. 독일 뮌헨대학교에서 독문학을 수학했으며, 서강대학교 대학원에서 게오르크 뷔히너(Georg Büchner) 연구로 문학박사 학위를 받았다. 류종영은 1981년부터 목원대학교 독어독문학과 교수로 재직 중이며, 목원대학교 학생처장, 인문대학 학장, 교수협의회 회장, 전국대학교수회 사무총장, '한국뷔히너학회' 회장을 역임했다.

주요 저서로『게오르크 뷔히너 戲曲硏究』(삼영사)가 있으며, 역서로는『최근 100년간의 독일 문화사』(공역: 민지사)와『현대 문학 근본개념 사전』(공역: 솔)이 있으며, 게오르크 뷔히너, 막스 프리쉬, 토마스 베른하르트, 그로테스크, 웃음의 미학 등에 대한 20여 편의 논문이 있다.

류종영 교수는 주한 독일 문화원(Goethe-Institut) 대전 어학원에서 10여년 간 독일어 회화 강의를 한 바 있다.

Deutsch Heute

초　판 1쇄 인쇄 | 2003년 2월 15일
개정판 3쇄 인쇄 | 2008년 3월 10일
개정판 3쇄 발행 | 2008년 3월 15일
편 저 자 | 류종영
펴 낸 이 | 서덕일
펴 낸 곳 | 도서출판 문예림
출 판 등 록 | 1962년7월12일 제2-110호
주 소 | 서울 광진구 군자동1-13호 문예하우스 101호
전 화 | 02-499-1281~2
팩 스 | 02-499-1283

http://www.bookmoon.co.kr
Email: book1281@hanmail.net

ISBN 89-7482-216-4 13750

Deutsch Heute (최신 독일어 회화)의 독자들에게

이 책은 독일어 기초회화를 혼자서 공부하려는 사람들을 위해 그리고 대학의 교양교재용으로 펴내게 되었다. 지금까지 독일어 회화책은 한국에서 상당히 많이 간행되어 있지만, 독일어권에서 실제로 활용할 수 있는 실용적인 회화를 배울 수 있도록 간행된 책은 매우 드문 것 같다. 특히 2002년부터 독일어권에서는 독일어의 "새로운 맞춤법 Die neue Rechtschreibung"과 새로운 화폐인 "유로 Euro"가 도입되어 사용되고 있기 때문에, 독일어를 배우는 초보자를 위한 교재들은 이 독일어의 "새로운 맞춤법"에 따라 재편찬되고 새로운 화폐의 도입에 걸맞게 교재의 내용이 수정되어야 할 필연성이 대두되었다. 이 책에는 이러한 변화에 새롭게 대응하는 걸맞는 내용들을 수록하였을 뿐만 아니라, '의사소통 교수법' 에 따라 독자들이 독일어권에서 현재 실제로 사용되는 살아 있는 언어를 배울 수 있도록 하는데 주안점을 두고 저술했다. 아울러 편저자는 10여년 동안 주한 '독일문화원 Goethe-Institut' 에서의 독일어 회화 강의경험을 바탕으로 우리 한국 사람들이 보다 쉽게 기초독일어 회화를 배울 수 있도록 '모범대화들' 을 많이 수록하려고 노력했다. 이 책의 구성과 내용의 특징을 간략하게 소개하면 다음과 같다.

첫째, 이 책은 총 15과로 구성되어 있다. 제1과에서 제14과까지는 독일어 실용 회화이며 제15과는 최근의 독일에 대하여 간략하게 소개한 독본용 텍스트이다.

둘째, 제1과에서 제14과까지 각 과는 주제에 따라 4~6개의 '대화들 Dialoge' 이 수록되어 있다. 이 '대화들' 에는 어려운 구문이나 관용어구 등에 대한 "설명"이 필요에 따라 첨가되어 있다. 이 '대화들' 은 현지 독일인(Native Speaker)의 정확하고 모범적인 발음으로 녹음하여 CD에 수록되어 있다. 독일어를 처음 배우는 독자들은 이 CD를 듣고 이 '대화들' 을 그대로 암기하면 바로 독일어권에서 활용 가능하리라 생각한다.

셋째, 제1과에서 제14과까지는 '대화들' 에 이어 간략한 '문법 Grammatik' 과 '연습문제 Übungen'를 수록했다. 이 책은 '의사소통적인 교수법' 에 의거하여 강의할 수 있도록 편찬되었기 때문에, 이 책에서의 '문법' 은 '문법 · 번역교수법' 에 따른 텍스트들과는 달리 해당 과에 꼭 필요한 아주 간단한 문법만 수록했다. 따라서 'Grammatik' 과 'Übungen' 은 대학의 교양교재용으로 활용할 때 약간의 보충설명이 되어야 할 것이다. 그리고 이 책의 권말에는, 혼자서 이 책을 통하여 독일어 회화를 배우려는 독자들을 배려하여, '대화들' 에 대한 '번역

Übersetzungen' 을 수록했다.

넷째, 독본용 교재인 제15과 "독일의 나라와 사람들 Land und Leute"을 통하여 독자들은 "독일의 오늘"을 이해하는데 도움이 되리라 생각한다.

이 책의 간행을 위해 여러모로 많은 도움을 주신 도서출판 종문화사 임용호 사장님과 어려운 여건에도 불구하고 이 책의 간행을 흔쾌히 승낙하신 도서출판 문예림의 서덕일 사장님에게도 감사의 말씀을 드린다. 그리고 독일의 각종 자료 등을 제공하여 이 책의 간행에 많은 도움을 준 제자 김미승 박사에게도 이 자리를 빌어 감사의 말을 드린다.

2002년 12월

도안 연구실에서 류종영

Inhalt

Lektion 11. Erkundigung auf der Straße (거리에서 길 묻기)

Lektion 12. Im Modegeschäft (옷 가게에서)

Lektion 13. Beim Arzt (병원에서)

Deutsch Heute

Lektion 1

Guten Tag! (안녕하십니까!)

1. Guten Tag, ich heiße Ah-rio Ryu. (안녕하십니까, 저는 류아려입니다.)

A: Guten Tag, ich heiße Ah-rio Ryu.
B: Guten Tag, mein Name ist Brigitte Bauer.

A: Wie heißen Sie?
B: Ich heiße Chan-ho Park.

A: Wer ist das?
B: Das ist Bilge Akayal.
C: Wie bitte? Ich verstehe nicht.

A: Auf Wiedersehen!

설명

- Guten Morgen(Tag/ Abend), Herr(Frau) Kim! — - Guten Tag!
  안녕하십니까(아침)(낮/저녁), 김 씨(부인)!
- Gute Nacht! — - Gute Nacht!
  좋은 밤이 되시길!(안녕히 주무시길!)
- Auf Wiedersehen! — - (Auf) Wiedersehen!
  안녕히 가십시오(다시 만나길 기대하며)!

2. Entschuldigung, sind Sie Herr Meier? (죄송합니다만, 당신이 마이어 씨입니까?)

A: Entschuldigung, sind Sie Herr Meier?
(Entschuldigung, sind Sie Frau/ Fräulein Meier?)
(Entschuldigung, heißen Sie Meier?)

B: Nein, ich bin Peter Weiß.
(Nein, ich heiße Peter Weiß.)
(Nein, mein Name ist Peter Weiß.)
Ja.

설명

- Entschuldigung, Sind Sie Herr Meier?
  죄송합니다만, 당신이 마이어 씨입니까?

- Ja. (Ja, das bin ich.)
  예, 제가 그 사람입니다.
- Nein, ich bin Peter Weiß.
  아닙니다, 저는 페터 바이스입니다.

Schloss Neuschwanstein bei Füssen

3. Wer ist Herr Kim? (누가 김 씨입니까?)

A: Wer ist Herr Kim?

B: Ich.

A: Und Frau Lee? Sind Sie Frau Lee?

C: Nein, ich heiße Park.

A: Sind Sie Frau Lee?

D: Ja, das bin ich.

설명

- Wer ist das?

  이 분은 누구입니까?

- Sind Sie Frau Lee?

  당신이 이 씨(부인)입니까

- Das ist Herr Weiß (Frau Kim/ Fräulein Berg).

  이 분은 바이스 씨(김 씨부인/ 베르크 양)입니다.

- Ja, das bin ich.

  예, 제가 그 사람입니다

  Nein, ich heiße Park.

  아닙니다, 저는 박입니다.

4. Buchstabieren Sie bitte! (철자를 말해 보세요!)

A: Mein Name ist Milena Hlasek .

B: Wie bitte? Laasek, Laaasek? Wie schreibt man das?

A: Mit Ha am Anfang.

B: Ach so, Haasek.

A: Nein, Hlasek, mit HL.

B: Entschuldigung. Ich verstehe nicht. Buchstabieren Sie bitte!

A: H-L-A-S-E-K (Ha, eL, A, eS, E, Ka).

B: Ach so, mit Ha und eL: Hlasek Milena.

설명

★ **Deutsche Buchstaben** (독일어 철자)

Aa, Be, Ce, De, Ee, eF, Ge, Ha, Ii, Jot, Ka, eL, eM, eN, Oo, Pe,
Qu, eR, eS, Te, Uu, Vau, We, iX, Ypsilon, Zet
Ää(a-Umlaut), Öö(o-Umlaut), Üü(u-Umlaut), ß(EsZet)

- Wie bitte? Wie schreibt man das?
  뭐라고요? 어떻게 쓰지요?
- Entschuldigung, ich verstehe nicht.
  죄송합니다만, 저는 이해하지 못합니다.
  Buchstabieren Sie bitte!
  철자를 말해 보세요!

- Mit Ha am Anfang.
  처음에 하(Ha)로써 (시작합니다).
- H-L-A-S-E-K.
  하 – 엘 – 아 – 에 – 스 – 카

5. Wie heißt du? (너의 이름은?)

A: Hallo, ich bin Katharina. Wie heißt du?
B: Ich heiße Christian.

A: Tag, ich bin Paul.
Und wie heißt du?
(Und wer bist du?)
B: Ich bin Ah-rio.

설명

- Hallo (Morgen/ Tag/ ’n Abend), Hans.
  안녕, 한스.

- Wiedersehen (Tschüs)!
  안녕(다시 봐)!

- Hallo (Morgen/ Tag/ ’n Abend), Katharina.
  안녕, 카타리나.

- Wiedersehen (Tschüs)!
  안녕(다시 봐)!

★ 남독, 오스트리아의 인사(아침, 낮. 저녁)

- Grüß Gott, Herr Winter.
- Güß dich(Servus), Hans.
- Grüß Gott, Herr Sommer.
- Grüß dich, Daniel.

6. Wie geht es Ihnen? (어떻게 지내십니까?)

A: Ah, Herr Weiß. Guten Morgen!
B: Guten Morgen, Herr Schwarz.
Wie geht es Ihnen?
A: Danke, gut. Und Ihnen?
B: Danke, auch gut.

A: 'n Abend, Katharina.
B: Hallo, Hans.
A: Wie geht's?
B: Es geht. Und dir?
A: So lala.

A: Servus, Gert.
B: Grüß dich, Daniel. Wie geht's dir?
A: Mir geht's super. Und dir?
B: Nicht so gut.

설명

- Wie heißen Sie?(Wie ist Ihr Name?)
  당신은 어떻게 불리워집니까?(당신의 성함은?)
- Wie geht es Ihnen?
  안녕하십니까?(어떻게 지내십니까?)
- Wie geht's (dir)?
  요사이 어때?

- Ich heiße Hans Sommer.(Mein Name ist ...)
- Danke, es geht mir gut(sehr gut/ super/prima/ganz gut). Und Ihnen?
- Danke, gut(so lala/ es geht/ nicht so gut/ ganz schlecht)

★ du를 쓰는 경우: 가족관계, 대학생, 어린아이, 연인, 친구, 개.
★ Sie를 쓰는 경우: "du" 를 사용하지 않는 경우. 처음 "Sie", 친하게 된 후 "du".

Grammatik

1. Personalpronemen und Verb (동사의 현재인칭 변화)

	Perso. pron.	sein	heißen	verstehen	gehen
Sg.	ich	bin	heiße	verstehe	gehe
	du	bist	heißt	verstehst	gehst
	er sie es	ist	heißt	versteht	geht
Pl.	wir	sind	heißen	verstehen	gehen
	ihr	seid	heißt	versteht	geht
	sie	sind	heißen	verstehen	gehen
Sg. Pl.	Sie	sind	heißen	verstehen	gehen

* Abkürzungen (약어)

- Perso.pron. = Personalpronemen(인칭대명사)
- Sg. = Singular(단수), Pl. = Plural(복수)

2. Verben und Ergänzungen im Satz (문장 내에서 동사와 보족어)

a) Aussagesatz(서술문)

Ich	heiße		Hans Sommer.
Ich	bin		Hans Sommer.
Mein Name	ist		Hans Sommer.
Das	ist		Hans Sommer.
Ich	verstehe	nicht.	

b) Satzfrage mit Inversion (결정의문문)

Heißen	Sie		Hans Sommer?
Sind	Sie		Hans Sommer?
Verstehen	Sie	nicht?	

c) Wortfrage mit Fragewort und Inversion (의문사 있는 의문문)

Wer		ist	das?	
	Das	ist		Hans Sommer.
Wie		heißen	Sie?	
	Ich	heiße		Hans Sommer.
Wie		geht	es	Ihnen?
	Es	geht		mir gut.
	Mir	geht	es	gut.

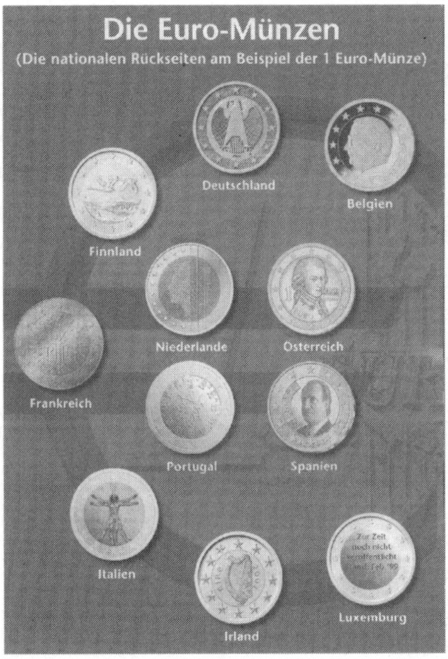

유로동전

유로지폐

Übungen

1. Ergänzen Sie.

a) Guten *M*____________ b) Guten *T*_________

c) Guten *A*.____________ d) *G*_______ Nacht!

e) *A*___ Wieder_______ !

2. Wie geht's?

a) Wie geht es Ihnen, Herr Kim?

Danke, es ________________

b) Wie geht's, Daniel?

Danke, __________________

3. Ergänzen Sie.

a) ○ Guten Tag, mein Name *ist* Miller.

□ Guten Tag, ich ______ Weiß.

b) ○ Entschuldigung, sind Sie Frau Kim?

□ Nein, mein Name _____ Park.

c) ○ Mein Name ist Hlasek Milena.

□ Wie bitte? Laasek, Laaasek? __________________ ?

○ Mit Ha am Anfang.

□ Ach so, Haasek.

○ Nein, Hlasek, mit HL.

□ Entschuldigung. Ich ________ nicht. _____________ Sie bitte!

○ H-L-A-S-E-K (Ha, eL, A, eS, E, Ka).

□ Ach so, mit Ha und eL: Hlasek Milena.

4. Ergänzen Sie.

a) ○ Entschuldigung, wie *heißen* Sie?

□ Ich *bin* Luisa.

○ Wie bitte?

□ Mein Name _______ Luisa Tendera.

Und wer _______ Sie?

○ Ich _______ Lucienne Destrée.

b) ○ Entschuldigung, ______ das Herr Brooke?

□ Nein, das ______ Peter Miller.

5. Ergänzen Sie.

bin/heiße, Sind, heißen, bin, heißt, sind, ist, bist, heiße, bin, ist

a) ◆ Wie *heißen* Sie? ◇ Ich *heiße* Peter Miller.

b) ◆ Wie ______ du? ◇ Mein Name ______ Sabine.

c) ◆ Wer ______ Herr Park? ◇ Das ______ ich.

d) ◆ ______ Sie Frau Kim? ◇ Ja, das _____ ich.

e) ◆ Wer _____ Sie? ◇ Ich heiße Young-ae Lee.

6. Ergänzen Sie.

ist, sind, bin, bist, heißt, heiße, heißen, heißt

a) ○ Wer _____ Frau Choi?

□ Das _____ ich.

Und wer _____ Sie?

○ Mein Name _____ Berg.

b) ○ Wie *h*______ du?

□ Ich *h*______ Young-ae. Und du?

○ Mein Name _____ Paul.

c) ○ Wie *h*_____ Sie?

□ Ich *h*_____ Winter. Und Sie?

d) ○ Ich *h*_____ Paul.

Und wer _____ du?

□ Mein Name _____ Ah-rio.

Lektion 2

Woher kommen Sie? (당신은 어디에서 왔습니까?)

1. Woher kommen Sie? (당신은 어디에서 왔습니까?)

A: Guten Tag, mein Name ist Ah-rio Ryu.
Ich komme aus Korea. Und woher kommen Sie?

B: Aus Deutschland.

A: Ich bin aus Atlanta in den USA.
Und woher sind Sie?

B: Ich bin aus Japan. Aus Tokyo.

C: Ich bin aus Spanien.

D: Ich aus China.

설명

- **Woher** kommen (sind) Sie?
  당신은 어디에서 왔습니까? (당신의 출신지는 어디입니까?)
- Ich komme (bin) **aus** Korea(Japan/ China/ Deutschland/ Amerika/ ...)

Achtung! (주의!)

- Er kommt **aus der Schweiz**(f.) (**aus der Türkei/ der Bundesrepublik Deutschland**).
- Sie kommt **aus den Niederlanden**(Pl.) [**aus den Philippinien/ aus (den) USA**].
- Herr Amaddi Madu kommt **von der Elfenbeinküste**.

2. Wer ist das? (이 분은 누구입니까?)

A: Wer ist das?
B: Das ist Napoleon.
A: Woher kommt er?
B: Er kommt aus Frankreich.

A: Wer ist das?
B: Das sind Dick und Doof.
A: Woher sind sie?
B: Sie sind aus Amerika.

설명

- Wer ist das?
  이 분은 누구입니까?
- Wer ist das?

- Das ist Kleopatra.
  Sie ist(kommt) aus Ägypten.
- **Das sind** Dick und Doof.
  Sie sind(kommen) aus (den) USA.

Das Deutsche Naationaltheater in Weimar mit dem Denkmal von Goethe und Schiller

3. Entschuldigung, ist das Marilyn Monroe?
(죄송합니다만, 이 분이 마리린 몬로입니까?)

A: Entschuldigung, ist das Marilyn Monroe?
B: Nein, das ist Kleopatra.
A: Woher kommt sie?
B: Sie kommt aus Ägypten.

A: Entschuldigung, kommt Pablo Picasso aus Portugal?
B: Nein, er kommt aus Spanien.

설명

- **Woher** kommt/ist sie/er?
  그녀(그)는 어디에서 왔습니까?
- Sie/Er kommt/ist **aus** Ägypten/Spanien.
  그녀(그)는 이집트/스페인에서 왔습니다.

4. Wo wohnen Sie jetzt? (당신은 지금 어디에서 삽니까?)

A: Frau Choi, Sie kommen doch aus Seoul?
Und wo wohnen Sie jetzt?

B: Ja, richtig. Ich komme aus Korea.
Aber ich wohne jetzt in Köln.

A: Arbeiten Sie hier?

B: Nein, ich arbeite nicht.
Ich studiere Elektrotechnik an der Kölner Universität.

설명

- **Wo** wohnen Sie?	당신은 어디에서 삽니까?
- Ich wohne **in** Köln.	저는 쾰른에서 삽니다.
- Arbeiten Sie hier?	당신은 이곳에서 일을 합니까?
- Ja, ich arbeite.	예, 저는 일을 합니다.
- Nein, (ich arbeite nicht).	아닙니다, (저는 일을 하지 않습니다).
Ich studiere in Köln.	저는 쾰른에서 공부를 합니다.
- **Wo** arbeiten Sie?	당신은 어디에서 일을 합니까?

- Ich arbeite **bei** Siemens **in** Berlin(**bei** Hyundai **in** Ulsan).
  저는 베를린에 있는 지벤스(회사)에서(울산에 있는 현대에서) 일을 합니다.

Die Frankfurter Alte Oper

5. Wie schreibt man das? (그것은 어떻게 쓰지요?)

A: Wie heißen Sie?
B: Ah-rio Ryu.
A: Wie ist Ihr Familienname?
B: Ryu.
A: Wie schreibt man das?
Buchstabieren Sie, bitte!
B: R-Y-U.
A: Und Ihr Vorname?
B: Ah-rio. A-H - R-I-O.
A: Und wo wohnen Sie?
B: In München.
A: Ihre Adresse?
B: Ohmstraße 18, 80802 München.

설명

- Wie ist **Ihre/deine** Adresse?
  당신/너의 주소는 어떻게 됩니까?
- **Meine** Adresse ist . . .
  저의 주소는 ... 입니다.
- Wie ist **Ihre/deine** Telefonnummer?
  당신/너의 전화번호는?
- **Meine** Telefonnummer ist 8 29 74 72.
  (acht neunundzwanzig vierundsiebzig zweiundsiebzig)
  저의 전화번호는 8 29 74 72입니다.

6. Sind Sie verheiratet? (당신은 기혼상태입니까?)

Lesen Sie die Sätze!

Peter Weiß kommt aus Rostock. Er wohnt jetzt in Berlin. Er ist 54 Jahre alt. Er arbeitet bei Siemens. Er ist verheiratet und hat zwei Kinder.

A: Woher kommt Herr Weiß?
B: Er kommt aus Rostock.
A: Wo wohnt er jetzt?
B: In Berlin.
A: Wie alt ist er?
B: Er ist 54(vierundfünfzig) Jahre alt.
A: Ist er verheiratet?
B: Ja, er ist verheiratet.
A: Hat er Kinder?
B: Ja, er hat zwei Kinder.
A: Arbeitet er?
B: Ja, er arbeitet bei Siemens in Berlin.

설명

- Wie alt sind Sie/ bist du?
- Wie alt ist er/sie?
  당신(그/그녀)은(는) 몇 살입니까?
- Ich bin 20(zwanzig) Jahre alt.
- Er/Sie ist 34(vierunddreißig) Jahre alt.
  저/그/그녀는 20살/34살 입니다.
- Sind Sie verheiratet?
  당신은 기혼상태입니까?(결혼했습니까?)
- Ja, ich bin verheiratet.
  예, 저는 기혼상태입니다.
- Nein, ich bin ledig/ geschieden/ verwitwet.
  아닙니다, 저는 미혼/이혼/홀애비(과부) 상태입니다.

* Zahlen: Null bis Hundert (Grundzahlen)

수: 0에서 100까지 (기수)

0 null	10 zehn	20 zwanzig	
1 eins	11 elf	21 einundzwanzig	
2 zwei	12 zwölf	22 zweiundzwanzig	
3 drei	13 dreizehn	23 dreiundzwanzig	30 dreißig
4 vier	14 vierzehn	24 vierundzwanzig	40 vierzig
5 fünf	15 fünfzehn	25 fünfundzwanzig	50 fünfzig
6 sechs	16 sechzehn	26 sechsundzwanzig	60 sechzig
7 sieben	17 siebzehn	27 siebenundzwanzig	70 siebzig
8 acht	18 achtzehn	28 achtundzwanzig	80 achtzig
9 neun	19 neunzehn	29 neunundzwanzig	90 neunzig
			100 hundert

* Achtung! (주의)

1 **eins**	21 **einundzwanzig**	
3 **drei**		30 **dreißig**
6 **sechs** [chs = ks]	16 **sechzehn**	60 **sechzig**
7 **sieben**	17 **siebzehn**	70 **siebzig**

* Ländernamen (국가명)

Ägypten	Australien	Belgien	Brasilien
China	Dänemark	Frankreich	Griechenland
Großbritannien	Indien	Indonesien	Irak
Iran	Israel	Italien	Japan
Kanada	Korea	Luxemburg	Mexiko
Niederlande	Norwegen	Österreich	Pakistan
Paraguay	Peru	Philippinien	Polen
Portugal	Rumänien	Russland	Saudi-Arabien
Schweden	Schweiz	Spanien	Thailand
Türkei	Ungarn	Vietnam	
Slowakische Republik	Tschechische Republik	Bundesrepublik Deutschland	

Grammatik

1. Personalpronemen und Verb (동사의 현재인칭 변화)

	Perso.pron.	kommen	wohnen	arbeiten	haben
Sg.	**ich**	komme	wohne	arbeite	**habe**
	du	kommst	wohnst	arbeitest	**hast**
	er,sie,es	kommt	wohnt	arbeitet	**hat**
Pl.	**wir**	kommen	wohnen	arbeiten	haben
	ihr	kommt	wohnt	arbeitet	habt
	sie	kommen	wohnen	arbeiten	haben
Sg.Pl.	**Sie**	kommen	wohnen	arbeiten	haben

* Abkürzungen (약어)
- Perso.pron. = Personalpronemen(인칭대명사)
- Sg. = Singular(단수), Pl. = Plural(복수)

2. Familienstand (혼인 관계)

Ich bin verheiratet(ledig/ geschieden/ verwitwet).

저는 기혼(미혼/ 이혼/ 홀아비,과부) 상태입니다.

3. Fachbereiche an der Universität (대학의 전공분야)

Theologie (신학)
Medizin (의학)
Philosophie (철학)
Sprachwissenschaft (언어학)
Musikwissenschaft (음악학)
Mathematik (수학)
Chemie (화학)
Biologie (생물학)
Psychologie (심리학)

Jura/Rechtswissenschaft (법학)
Pharmazie/Arzneikunde (약학)
Germanistik (독문학)
Kunstwissenschaft (미술학)
Geschichtswissenschaft (역사학)
Physik (물리학)
Geowissenschaft (지구과학)
Astronomie (천문학)
Forstwissenschaft (임학, 삼림학)

Landwirtschaftswissenschaft (농학)
Wirtschaftswissenschaft (경제학)
Statistik (통계학)
Sozialwissenschaft (사회학)
Betriebswissenschaft (경영학)
Pädagogik (교육학)

Der Rhein

Übungen

Antworten Sie auf die Fragen!(1. 2. 3.)

Name(Familienname)	Vorname	Herkunftsland	Wohnort(jetzt)
Brooke	Ronald	USA	Berlin
Ergök	Levent	Türkei	Weimar
Honti	Kaaroly	Ungarn	Heidelberg
Ryu	Ah-rio	Korea	München
Oikawa	Kota	Japan	Augsburg
Gustavson	Sven	Schweden	Köln
Roncart	Victoria	Frankreich	Hamburg
Tendera	Luisa	Italien	Frankfurt
Salt	Linda	England	Dresden
Maddi	Amadu	Ghana (Elfenbeinküste)	Stuttgart

1. Woher kommt er?

○ Er heißt Ronald Brooke. Woher kommt er?

□ Er ________ aus (den) USA.

○ Sie heißt Linda Salt. Woher kommt sie?

□ Sie ______________________________

○ Er ______________________________?

□ ______________________________

2. Wer ist das?

○ Er kommt von der Elfenbeinküste. Wer ist das?

□ Das ist ______________________________

○ Er ist aus der Türkei. Wer ist das?

□ Das ______________________________

○ ______________________________?

□ ______________________________

3. Wo wohnt er jetzt?

○ Ronald Brookte kommt aus (den) USA. Aber wo wohnt er jetzt?

□ Er wohnt jetzt ___ Berlin.

○ Wo wohnt Herr Ergök?

□ Er wohnt ______________________

○ Wo ___________________________ ?

□ _______________________________

4. Lesen Sie zuerst die Sätze. Und dann antworten Sie auf die Fragen.

a) Monka Hoffmann ist Ärztin in Heidelberg. Sie ist 28 Jahre alt. Sie ist ledig und hat ein Kind. Berufstätig und ein Kind erziehen, das ist nicht leicht.

b) Margot Schulz kommt aus der Schweiz. Aber sie lebt jetzt in Frankfurt. Frau Schulz ist geschieden und hat zwei Kinder. Sie ist 32 Jahre alt und Ingenieurin von Beruf.

● Wo wohnt Monika Hoffmann?

○ Sie wohnt _________________

● Was ist sie von Beruf?

○ Sie ist __________ von Beruf.

● Wie alt ist sie?

○ Sie ist ____________________

● Ist sie verheiratet?

○ Nein, _____________________

● Hat sie Kinder?

○ ___________________________

■ Woher ist Margot Schulz?

□ Sie _______________________

■ Wo wohnt sie jetzt?

□ ___________________________

■ Was ist sie von Beruf?

□ ___________________________

■ Wie alt ist sie?

□ ___________________________

■ Ist sie verheiratet?

□ ______________________

■ Hat sie Kinder?

□ ______________________

5. Und Sie?

◇ Wie ist Ihr Name?

◆ ______________________

◇ Woher kommen Sie?

◆ ______________________

◇ Wo wohnen Sie?

◆ ______________________

◇ Wie ist Ihre Adresse?

◆ ______________________

◇ Wie alt sind Sie?

◆ ______________________

◇ Sind Sie verheiratet?

◆ ______________________

◇ Haben Sie Kinder?

◆ ______________________

◇ Studieren Sie? Und was studieren Sie?

◆ ______________________

◇ Arbeiten Sie? Und wo arbeiten Sie?

◆ ______________________

Heidelberg am Neckar

Lektion 3

Was sind Sie von Beruf? (당신의 직업은 무엇입니까?)

1. Was sind Sie von Beruf? (당신의 직업은 무엇입니까?)

A: Ich bin Lehrerin. Und was sind Sie von Beruf?
B: Ich bin Angestellter. Und Sie?
C: Ich studiere noch. Ich bin Studentin.

A: Guten Abend. Ich bin Peter Sommerfeld.
Ich bin Reporter. Darf ich eine Frage stellen?
B: Ja, bitte.
A: Wie heißen Sie?
B: Ich heiße Michael Weiß.
A: Woher sind Sie?
B: Ich komme aus Hamburg.
A: Und wo wohnen Sie?
B: Ich wohne jetzt in München.
A: Wie alt sind Sie?
B: Ich bin 43.
A: Sind Sie verheiratet?
B: Ja, ich bin verheiratet.
A: Was sind Sie von Beruf?
B: Ich bin Automechaniker.
A: Danke schön.
B: Bitte sehr.

설명

★ **Berufe** (직업명)

- der/die Angestellte(Angestellter, Angestellte)(회사원)
- der Arzt(die Ärztin)(의사)
- der Bauer(die Bäuerin)(농부)
- der Computertechniker(컴퓨터 기술자)
- der Fischer(어부)
- der Grafiker(그래픽 도안가)
- der Ingenieur(엔지니어)
- die Kellnerin(웨이터)
- der Lehrer(교사)
- der Pfarrer(성직자)
- der Professor(교수)
- der Richter(판사)
- die Sekretärin(여비서)
- der Tankwart(주유소 급유원)
- die Verkäuferin(여판매원)
- der Bäcker(제빵업자)
- der Beamte(die Beamtin)(공무원)
- der Elektrotechniker(전기 기술자)
- der Fotograf(사진사)
- die Hausfrau(주부)
- der Kaufmann(die Kauffrau)(상인)
- der Kunstmaler(화가)
- der Mechaniker(기계공)
- der Polizist(경찰)
- der Programmierer(프로그래머)
- der Seemann(선원)
- der Soldat(군인)
- der Tischler(목수)

\- Was sind Sie von Beruf?

= Was machen Sie?

= Was sind Sie?

당신의 직업은 무엇입니까?

\- Ich bin Student(Angestellter/Ingenieur/Lehrer/...) (von Beruf).

저는 대학생/회사원/엔지니어/교사/...)입니다.

2. Sind Sie neu hier? (In der Kantine)
(당신은 여기에 새로 왔습니까?) (회사의 구내식당에서)

A: Guten Tag, ist hier noch frei?

B: Ja, bitte.

A: Sind Sie neu hier?

B: Nein, ich arbeite hier schon fünf Monate.

A: Ach so, und was machen Sie?

B: Ich bin Sekretärin. Und Sie?

A: Ich bin Grafikerin.
Und ich heiße Karin Schaumann.

B: Freut mich, Sie kennenzulernen.
Ich heiße Rita Kurz.

설명

- Ist hier noch frei?

  여기에 자리가 비어있습니까?

- Ja, bitte. (Natürlich, bitte.)

  예(물론입니다), 앉으십시오.

- Sind Sie neu hier?

  당신은 (이 회사에) 새로 오셨습니까?

- Ja, ich arbeite hier erst fünf Tage.

  예, 저는 이곳에서 이제 겨우 5일째 일하고 있습니다.

  Nein, ich arbeite hier schon fünf Monate.

  아닙니다, 저는 이곳에서 이미 5개월 동안 일하고 있습니다.

3. Darf ich Ihnen Frau Choi vorstellen?

(당신에게 최 씨 부인을 소개할까요?)

A: Frau Weber, darf ich Ihnen Frau Choi vorstellen?
Frau Choi kommt aus Korea. Sie studiert Elektrotechnik in München.

B: Angenehm.

C: Freut mich, Sie kennenzulernen.

B: Frau Choi, wo wohnen Sie?

C: Ich wohne jetzt in einem Studentenheim.
Und was sind Sie von Beruf?

B: Ich bin Lehrerin. Sie sprechen schon gut Deutsch.
Das ist übrigens mein Mann. Er ist Elektrotechniker bei Müller & Co.

C: Sehr angenehm.

D: Ganz meinerseits.

설명

a. Darf ich Ihnen Frau Choi vorstellen?
제가 당신에게 최 씨(부인)를 소개해도 되겠습니까?

b. (Sehr) Angenehm/(Es) Freut mich, Sie kennenzulernen.
당신을 알게 되어 (매우) 기쁩니다.

a. Frau Choi, wo wohnen Sie?
최 씨(부인), 당신은 어디에서 삽니까?

b. Ich wohne jetzt in einem Studentenheim.
저는 지금 한 대학생 기숙사에서 살고 있습니다.

4. Was machst du denn hier? (너 여기에서 무엇을 하니?)

A: Hallo, Peter.
B: Tag, Min-su. Was machst du denn hier?
A: Ich lerne hier Deutsch. Ich möchte in Wien Musik studieren.
B: Ach so. Das ist übrigens meine Lehrerin, Frau Weber.
C: Guten Tag.
A: Freut mich. Ich heiße Min-su Kim.
C: Kommen Sie aus China?
A: Nein, aus Korea.
C: Sie sprechen aber gut Deutsch.
A: Danke, es geht.

설명

a. Was machst du denn hier?
너 여기에서 무엇을 하고 있니?

b. Ich lerne hier Deutsch.
나는 독일어를 배우고 있어.

a. Sie sprechen schon gut Deutsch.
당신은 이미 독일어를 잘 합니다.

b. Danke, es geht.
감사합니다. 그럭저럭 하지요.

Ich möchte in Wien/München Musik studieren.
나는 빈/뮌헨에서 음악을 공부하고 싶어.

5. Personalien (신상명세)

Familienname: .... Vorname: ....
Taufname: ....

Geburtsort: ....

Geburtsdatum: am ....

Geschlecht: ▫ männlich ▫ weiblich

Staatsangehörigkeit: ....

Wohnort: ....

Familienstand: ▫ verheiratet ▫ ledig ▫ verwitwet ▫ geschieden
Zahl der Kinder ....

Religion: ▫ katholisch ▫ evangelisch ▫ islamisch ▫ buddhistisch ▫ keine

Beruf: .... ▫ Vollzeit ▫ Teilzeit ▫ arbeitslos

Hobbys: ....

[*Reisen, Wandern, Sporttreiben(Fußball/Tennis/Golf spielen), Schwimmen, Surfen, Reiten, Radfahren, Spazierengehen, Angeln, Musik hören, Klavier spielen, Malen, Tanzen, Lesen, Sammeln, Basteln, Fernsehen, Theater/Kino besuchen, Baduk spielen, Karten spielen, Faulenzen*]

설명

a. Geburtsort 출생지는? (Wo sind Sie geboren?)
b. (Ich bin) In Korea/ Daegu geboren.
a. Geburtsdatum 출생일은? (Wann sind Sie geboren?)
b. Ich bin am 7.(siebten) 7.(siebten/Juli) 1977 (neunzehnhundertsiebenundsiebzig) geboren.
a. Staatsangehörigkeit 국적은? (Wie ist Ihre/deine Staatsangehörigkeit?)
b. Meine Staatsangehörigkeit ist koreanisch/deutsch.
a. Religion 종교는? (Wie ist Ihre Religion?)
b. Meine Religion ist katholisch/evangelisch.
a. Hobbys 취미는? (Was sind Ihre Hobbys? / Was tun Sie gern?)
b. Meine Hobbys sind Fußball spielen und Musik hören.

6. Herr Mong-ryong Lee aus Namwon (남원 출신 이몽룡)

A: Wie heißen Sie?
B: Lee.
A: Vorname?
B: Mong-ryong.
A: Wohnhaft?
B: Wie bitte?
A: Wo wohnen Sie?
B: In Hanyang.
A: Geboren?
B: Wie bitte?
A: Wann sind Sie geboren?
B: Am 7. 7. 77(siebten, siebten, siebenundsiebzig).
A: Geburtsort?
B: Wie bitte?
A: Wo sind Sie geboren?
B: In Namwon.
A: Sind Sie verheiratet?
B: Ja.
A: Wie heißt Ihre Frau?
B: Chun-hyang, geborene Sung.
A: Sie sind also Herr Lee -
wohnhaft in Hanyang -
geboren in Namwon -
verheiratet mit Chun-hyang Lee -
geborene Sung?
B: Richtig.
A: Haben Sie Kinder?
B: Nein, ich habe noch keine.
A: Und was machen Sie?
B: Wie bitte?

A: Was sind Sie von Beruf?

B: Das kann ich nicht sagen.
(Ich bin ein Geheimbeauftragter des Königs.)

A: Ach so.

설명

*** Ordnungszahlen** (서수)

a) **von 2 bis 19: der, das, die + Grundzahl + t**

b) **von 20 aufwärts: der, das, die + Grundzahl + st**

der, das, die	erste	der, das, die	elfte
	zweite		zwölfte
	dritte		dreizehnte usw.
	vierte		zwanzigste
	fünfte		einundzwanzigste
	sechste		usw.
	siebte(siebente)		hundertste
	achte		hunderterste
	neunte		hundertunderste
	zehnte		tausendste

Man dekliniert die Ordnungszahlen wie Adjektive.

Jahreszahlen liest man
1981 neunzehnhunderteinundachtzig, 2002 zwanzighundertzwei.

Grammatik

1. 남성명사 + in = 여성명사

der Student + in = die Studentin (der Schüler, der Lehrer, der Fotografer, usw.)

Aber, der Arzt → die Ärztin, der Bauer → die Bäuerin, usw.

Angestellter는 형용사 어미변화

2. Korea - Koreaner - Koreanerin - koreanisch

Australien	Australier	Australierin	australisch
Belgien	Belgier	Belgierin	belgisch
Brasilien	Brasilianer	Brasilianerin	brasilianisch
China	Chinese	Chinesin	chinesisch
Deutschland	Deutscher	Deutsche	deutsch
England	Engländer	Engländerin	englisch
Frankreich	Franzose	Französin	französisch
Griechenland	Grieche	Griechin	griechisch
Indien	Inder	Inderin	indisch
Indonesien	Indonesier	Indonesierin	indonesisch
Irak	Iraker	Irakerin	irakisch
Iran	Iraner	Iranerin	iranisch
Israel	Israeli	Israeli	israelisch
Italien	Italiener	Italienerin	italienisch
Japan	Japaner	Japanerin	japanisch
Kanada	Kanadier	Kanadierin	kanadisch
Korea	Koreaner	Koreanerin	koreanisch
Mexiko	Mexikaner	Mexikanerin	mexikanisch
Niederlande	Niederländer	Niederländerin	niederländisch
(Holland)	(Holländerin)	(Holländer)	(holländisch)
Norwegen	Norweger	Norwegerin	norwegisch
Österreich	Österreicher	Österreicherin	österreichisch
Pakistan	Pakistaner	Pakistanerin	pakistanisch
Peru	Peruaner	Peruanerin	peruanisch

Philippinien	Filipino	Filipina	philippinisch
Polen	Pole	Polin	polnisch
Portugal	Portugiese	Portugiesin	portugiesisch
Rumänien	Rumäne	Rumänin	rumänisch
Russland	Russe	Russin	russisch
Saudi-Arabien	Saudi-Araber	Saudi-Araberin	saudi-arabisch
Schweden	Schwede	Schwedin	schwedisch
Schweiz	Schweizer	Schweizerin	schweizerisch
Spanien	Spanier	Spanierin	spanisch
Thailand	Thailänder	Thailänderin	thailändisch
Türkei	Türke	Türkin	türkisch
USA (Amerika)	Amerikaner	Amerikanerin	amerikanisch
Vietnam	Vietnamese	Vietnamesin	vietnamesisch

3. Personalpronemen und Verb (동사의 현재인칭 변화)

Sg.	Perso.pron.	machen	sprechen	möchten	dürfen
	ich	mache	spreche	möchte	darf
	du	machst	sprichst	möchtest	darfst
	er,sie, es	macht	spricht	möchte	darf
Pl.	wir	machen	sprechen	möchten	dürfen
	ihr	macht	sprecht	möchtet	dürft
	sie	machen	sprechen	möchten	dürfen
Sg./Pl.	Sie	machen	sprechen	möchten	dürfen

* Abkürzungen (약어)

- Perso.pron. = Personalpronemen(인칭대명사)
- Sg. = Singular(단수), Pl. = Plural(복수)

Übungen

1. 'Wer', 'Was', 'Woher', 'Wie'. 'Wo'? Fragen Sie.

a) Wer ist Reporter? — <u>Herr Sommerfeld</u> ist Reporter.

b) ____________________ Michael Weiß kommt <u>aus Hamburg</u>.

c) ____________________ Er wohnt jetzt <u>in München</u>.

d) ____________________ Er ist <u>Automechaniker</u> von Beruf.

e) ____________________ Er ist <u>43 Jahre alt</u>.

2. Welche Antwort passt?

a) Ist hier noch frei?
- ⓐ Wie heißen Sie?
- ⓑ Nein, danke.
- ⓒ Ja, bitte.

b) Sind Sie Sekretärin?
- ⓐ Nein, Grafikerin.
- ⓑ Ja, bitte.
- ⓒ Natürlich, bitte.

c) Sind Sie hier neu?
- ⓐ Ja, ich bin schon fünf Monate hier.
- ⓑ Nein, ich bin schon vier Jahre hier.
- ⓒ Nein, ich bin neu hier.

d) Was sind Sie von Beruf?
- ⓐ Ich bin erst drei Tage hier.
- ⓑ Sie ist Ärztin.
- ⓒ Ich bin Lehrer.

e) Was macht Herr Weber?
- ⓐ Er ist Elektrotechniker.
- ⓑ Sie ist Lehrerin.
- ⓒ Er arbeitet schon fünf Monate hier.

f) Wie alt ist Herr Weber?
- ⓐ Sie ist schon 43.
- ⓑ Er ist schon 43.
- ⓒ Er ist schon 43 Jahre hier.

g) Arbeitet er schon fünf Monate hier?
- ⓐ Ja, ich bin erst fünf Tage hier.
- ⓑ Nein, er ist hier neu.
- ⓒ Ja, ich arbeite hier.

h) Arbeiten Sie hier?
- ⓐ Ich bin Mechaniker.
- ⓑ Nein, ich bin schon vier Jahre hier.
- ⓒ Ja, schon vier Jahre.

3. Lesen Sie zuerst die Sätze. Und dann antworten Sie.

Das ist Thomas Bauer. Er ist Chemiker und arbeitet bei Siemens in Wien. Er ist ledig und wohnt allein. Er ist 36 Jahre alt. Er spielt gern Gitarre. Das ist sein Hobby.

a) Wer ist das?

Das ist ______________________

b) Was macht Herr Bauer?

Er __________________________

c) Wo arbeitet er?

____

d) Ist er verheiratet?

____

e) Wie alt ist er?

____

f) Was ist sein Hobby?

____

4. Und Sie?

a) Was sind Sie von Beruf?

____

b) Wo sind Sie geboren?

____

c) Wann sind Sie geboren?

____

d) Wie ist Ihre Staatsangehörigkeit?

____

e) Was tun Sie gern? (Was ist Ihr Hobby?)

____

f) Wie ist Ihre Religion?

____

5. Ergänzen Sie.

Er/Sie heiße ...		Er/Sie kommt aus ...	Er/Sie ist ...	Er/Sie spricht ...
Monika Hoffmann	♀	der Bundesrepublik Deutschland		Deutsch
Levent Ergök	♂		Türke	Türkisch
Ah-rio Ryu	♀	Korea		
Peter Miller	♂	USA		
Luisa Tendera	♀		Italienerin	
Wynn Hopper	♂	England		
Doris Brecht	♀		Österreicherin	
Jean-Paul Faivre	♂			Französisch
Miziko Danaka	♀		Japanerin	
Mao Tse-tung	♂	China		

♂ = männlich, ♀ = weiblich

Der Rhein

Lektion

4 Einladung (초대)

1. Haben Sie heute Abend Zeit? (오늘 저녁에 시간이 있습니까?)

A: Haben Sie heute Abend Zeit?
Ich möchte Sie gern zum Essen einladen.

B: Ja, sehr gern.

A: Darf ich Sie um sechs Uhr abholen?

B: Einverstanden. Auf Wiedersehen.

A: Auf Wiedersehen. Bis später.

A: Guten Tag, Frau Weiß.

B: Guten Tag, Herr Schwarz. Wie geht's?

A: Danke, gut. Ach, haben Sie Montagabend vielleicht Zeit?
Ich möchte Sie gern auf ein Glas Wein einladen.

B: Sehr gern. Wann soll ich denn da sein?

A: So gegen sieben.

B: Ja, ich komme gern. Vielen Dank für die Einladung.

설명

* Haben Sie heute Abend Zeit? = Haben Sie heute Abend was(etwas) vor?

  당신은 오늘 저녁에 시간이 있습니까? = 당신은 오늘 저녁에 무언가 계획이 있습니까?

* Ich möchte Sie(dich/euch) heute(morgen/ am Sonntag/Dienstag) zum Mittagessen/Abendessen einladen.

  저는 당신(너/너희들)을 오늘(내일/일요일/화요일)에 점심식사/저녁식사에 초대하고 싶습니다.

- zu einer Tasse Tee/Kaffee einladen

  차/커피 한 잔에 초대하다

- auf ein Glas Wein/Bier einladen

  포도주/맥주 한 잔에 초대하다

- ins Restaurant einladen

  레스토랑으로 초대하다

- ins Theater/Kino einladen

  극장/영화관으로 초대하다

* Wann soll ich denn da sein? = Um wieviel Uhr? = Wann darf ich kommen?

  제가 몇 시에 그곳에 가야만 합니까? = 몇 시에? = 제가 몇 시에 갈까요?

* **Tageszeiten:** der Morgen(morgens), der Vormittag(vormittags), der Mittag(mittags), der Nachmittag(nachmittags), der Abend(abends), die Nacht(nachts)

  vorgestern ← gestern ← heute → morgen → übermorgen

* **Wochentage:** der Sonntag(am Sonntag/ sonntags), der Montag, der Dienstag, der Mittwoch, der Donnerstag, der Freitag, der Samstag (od.) der Sonnabend

2. Es ist nett, dass Sie gekommen sind.
(이렇게 와 주셔서 참으로 친절하십니다.)

A: Guten Abend, Frau Kim. Guten Abend, Herr Kim.
Es ist nett, dass Sie gekommen sind.
Kommen Sie herein.

B, C: Guten Abend, Frau Weiß.

A: Bitte, legen Sie doch ab.
Und nehmen Sie Platz.
Was darf ich Ihnen anbieten?
Cognak, Sherry, Wein, Saft ...?

B: Cognak, bitte.

C: Für mich bitte einen Apfelsaft.

설명

- Es ist nett, dass Sie gekommen sind.
= Es freut mich, dass Sie gekommen sind.
이렇게 와 주셔서 참으로 친절합니다(기쁩니다).
- Legen Sie doch ab. Und nehmen Sie Platz.
(외투를) 벗으세요. 그리고 자리에 앉으세요.
- Was darf ich Ihnen anbieten?
Cognak, Sherry, Wein, Saft?
무엇을 권할까요? 꼬냑, 세리, 포도주, 주스?
- Cognak, bitte.
꼬냑을 주십시오.
Für mich bitte einen Apfelsaft.
저에게는 사과주스를 주십시오.

3. Guten Appetit! (맛있게 드십시오!)

A: Kommen Sie zum Essen an diesen Tisch.
Nehmen Sie Platz. Bitte, greifen Sie zu!
Guten Appetit!
B: Frau Weiß, die Suppe schmeckt phantastisch.
Sie kochen wirklich gut.
A: Danke, schön.
Frau Kim, nehmen Sie doch noch etwas Fleisch.
C: Nein danke, ich habe genug.
A: Zum Nachtisch gibt es Eis mit Sahne.

A: Guten Appetit.
B: Danke, gleichfalls.
A: Hast du den Kartoffelsalat schon versucht?
Der schmeckt sehr gut!
B: Ja, den probier ich gleich. Aber du musst auch
den griechischen Salat versuchen ...
A: Und dieses frische Brot! Herrlich!
B: Hast du die Lasagne auch probiert?
Die ist nicht besonders ...
A: Du weißt doch, ich esse kein Fleisch!
B: Dann ist sie richtig für dich, die ist vegetarisch.
A: Wie bitte? Lass mich mal versuchen!
B: Und?
A: Prima! Ich hol mir auch ein Stück ...
B: Trinken wir erst mal: zum Wohl!
A: Prost!

설명

- Guten Appetit! = Mahlzeit! 맛있게 드시길!(좋은 식욕이 있기를!)
- Prost = Prosit! 건배!
  Auf Ihre/deine Gesundheit! 당신/너의 건강을 위해!
  Auf Ihr/dein Wohl! 당신/너의 안녕을 위해!
  Auf die Hausfrau(Gastgeber)! 이 가정의 주부(주인/초대자)를 위하여!
  Trinken wir auf unsere Freundschaft!
  우리의 우정을 위해 마십시다!

- Nehmen Sie doch noch etwas Fleisch!
  고기를 좀 더 드시지요!

- Wie schmeckt (Ihnen/dir) der Kartoffelsalat?
  감자 샐러드 맛이 어때?
- Hast du ... schon versucht/probiert?
  너 ...을 시도(시음)해 보았니?
- Die Suppe/Der Salat/Das Fleisch schmeckt sehr gut/phantastisch/hervorragend/ vorzüglich/wirklich gut/lecker.

- Danke, gleichfalls.
  감사합니다, 당신에게도 (마찬가지로).
- Prost!

- Nein danke, ich habe genug.
= Danke, ich bin satt/ich möchte nicht mehr.
  감사합니다만, 더는 충분합니다(배가 부릅니다/ 더 이상 먹고 싶지 않습니다.)
- Gut/ Ausgezeichnet/ Nicht besonders.
  좋아/ 아주 특출해/ 특별하진 않아.
- Das musst du versuchen. / Probier mal ...
  너 이것을 꼭 시음해 봐.

4. Hast du heute Abend schon was vor?

(너 오늘 저녁에 무언가 계획이 있니?)

A: Sag mal, hast du heute Abend schon was vor?
B: Aber warum?
A: Ich möchte einen Film sehen.
Hast du Lust?
B: Ja, gern. Wann fängt der Film an?
A: Um neun.
B: Schön. Dann treffen wir uns um Viertel vor neun.
In Ordnung?
A: Gut. Bis dann.

A: Hast du heute Abend schon was vor?
B: Nein, ich weiß noch nicht ...
A: Ich möchte gern ein Bier trinken gehen.
Kommst du mit?
B: Tut mir Leid, dazu habe ich keine Lust.
A: Schade.
B: Vielleicht das nächste Mal.
A: Na gut - also dann tschüs.
B: Tschüs.

설명

★ Die Uhrzeit (시각, 시간 묻기)

Wieviel Uhr ist es? = Wie spät ist es?

- Es ist sieben Uhr.

Wann treffen wir uns? = Um wieviel Uhr treffen wir uns?

Wann denn? = Um wieviel Uhr?

- Wir treffen uns um 7 Uhr (etwa gegen 7 Uhr).

- Hast du heute Abend/morgen früh/Nachmittag schon was vor/Zeit?

  너 오늘 저녁에/내일 아침에/오후에 무언가 계획/시간이 있니?

- Ich möchte einen Film sehen(ein Konzert hören/ tanzen gehen/ ein Bier trinken gehen).

  Hast du Lust?

  난 영화 한 편을 보고 싶어/콘서트를 듣고 싶어/

  춤추러 가고 싶어/맥주 한 잔 하러 가고 싶어.

  너 가고 싶니?

- Haben Sie Montagabend(Montagnachmittag/ Dienstagabend ...) Zeit?

  당신은 월요일 저녁(월요일 오후/화요일 저녁)에 시간이 있습니까?

- Ja, ich möchte ins Kino gehen.

  그래, 난 영화관에 가고 싶어.

- Nein, ich weiß noch nicht ...

  아니, 나도 모르겠어 ...

- Ja, gern.

  그래, 좋아.

- Tut mir Leid. Ich habe keine Zeit/Lust.

  Vielleicht das nächste Mal.

  미안해. 난 시간이(그렇게 할 기분이) 없어.

  아마도 다음 번에.

Grammatik

1. Modalverben(화법 조동사): sollen, können, müssen, mögen(möchten)

a) im Satz (문장 내에서)

	Ich	**möchte**		Sie	zum	Essen	**einladen**.
Was		**darf**	ich	Ihnen			**anbieten**?
Wann		**soll**	ich		denn	da	**sein**?
		Kannst	du				**mitkommen**?
Morgen		**muss**	ich		den ganzen	Tag	**arbeiten**.

b) Modalverben: Formen (화법 조동사의 현재인칭 변화)

Sg.	**Perso.pron**	können	sollen	müssen	möchten
	ich	kann	soll	muss	möchte
	du	kannst	sollst	musst	möchtest
	er,sie, es	kann	soll	muss	möchte
Pl.	**wir**	können	sollen	müssen	möchten
	ihr	könnt	sollt	müsst	möchtet
	sie	können	sollen	müssen	möchten
Sg./Pl.	**Sie**	können	sollen	müssen	möchten

* Abkürzungen (약어)

- Perso.pron. = Personalpronemen(인칭대명사)
- Sg. = Singular(단수), Pl. = Plural(복수)

2. Verben mit Verbzusatz (분리 전철을 가진 동사: 분리동사)

	Ich	lade		Sie	zum	Abendessen	ein.
Wann		fängt	der Film	an?			
		Kommst	du	mit?			
Bitte		legen	Sie	doch	ab.		

Achtung! (주의)

einladen(ein/laden) Ich lade Sie ein.

anfangen(an/fangen)   Der Film fängt um neun Uhr an.
abholen(ab/holen), ablegen(ab/legen), anbieten(an/bieten),
hereinkommen(herein/kommen), mitkommen(mit/kommen),
zugreifen(zu/greifen), usw.

3. Die Uhrzeit.

- 7.00/ 19.00:	7 Uhr (19 Uhr)
- 7.05/ 19.05:	5 nach 7 (19 Uhr 5)
- 7.10/ 19.10:	10 nach 7 (19 Uhr 10)
- 7.15/ 19.15:	Viertel nach 7 (19 Uhr 15)
- 7.20/ 19.20:	20 nach 7 (19 Uhr 20)
	10 vor halb 8
- 7.30/ 19.30:	halb 8 (19 Uhr 30)
- 7.35/ 19.35:	5 nach halb 8
- 7.40/ 19.40:	20 vor 8 (19 Uhr 40)
	10 nach halb 8
- 7.45/ 19.45:	Viertel vor 8 (19 Uhr 45)
- 7.50/ 19.50:	10 vor 8 (19 Uhr 50)
- 7.55/ 19.55:	5 vor 8 (19 Uhr 55)
- 8.00/ 20.00:	8 Uhr (20 Uhr)

* 8.30 Uhr = halb neun, 9.30 Uhr = halb zehn, 10.30 Uhr = halb elf,
11.30 Uhr = halb zwölf, 12.30 Uhr = halb eins

Wie spät ist es? Wieviel Uhr ist es?	Es ist	halb acht/ neunzehn Uhr dreißig. fünf nach halb acht/ neunzehn Uhr fünfunddreißig. Viertel vor acht/ neunzehn Uhr fünfundvierzig.
Wann kommst du? Um wieviel Uhr kommst du?	Ich komme um	. . . sieben Uhr/ neunzehn Uhr. fünf nach sieben/ neunzehn Uhr fünf. Viertel nach sieben/ neunzehn Uhr fünfzehn.

Übungen

1. Ergänzen Sie.

○ Haben Sie heute Abend ________________ ?

Ich möchte Sie gern ______ Essen einladen.

□ Ja, sehr gern.

○ Darf ich Sie ______ sechs Uhr abholen?

□ Einverstanden. Auf Wiedersehen.

○ Auf Wiedersehen. ______ später.

2. Ergänzen Sie.

◆ Hast du heute Abend schon ______ ______?

◇ Nein, ich weiß noch nicht ...

◆ Ich möchte gern ein Bier ______ ______

Kommst du ______ ?

◇ ______________ , da habe ich keine Lust.

◆ Schade.

◇ Vielleicht ____________

◆ Na gut - also dann tschüs.

◇ Tschüs.

3. Was passt zusammen?

A. Haben Sie heute Zeit?

B. Kommst du morgen Abend?

C. Wann haben Sie Zeit?

D. Geht es um 15.00 Uhr?

E. Musst du Samstag arbeiten?

F. Ich möchte essen gehen.
Kommst du mit?

1. Nein, ich habe keine Lust.
2. Nein, nocht nicht.
   Es ist erst Viertel vor acht.
3. Nein, aber Dienstagabend.
4. Nein, ich bin satt.
5. Nein, da habe ich Deutschkurs.
6. So um acht.
7. Ja, gern. Wann denn?
8. Ja, vielleicht. Wohin denn?
9. Tut mir Leid, da habe ich keine Zeit.

G. Wann können Sie?

10. Um wieviel Uhr?

11. Samstag nicht, aber Sonntag.

A	B	C	D	E	F	G
3, 5, 7, 9, 10						

4. Ergänzen Sie.

a) Bitte legen Sie doch _______ .

b) Und nehmen Sie _______ .

c) Kommen Sie _______ Essen an diesen Tisch.

d) Sag mal, hast du heute Abend schon was _______ ?

e) Vielen Dank _____ die Einladung.

f) Wann fängt der Film _____ ?

5. Ergänzen Sie die Dialoge.

a) ○ Ich möchte mal wieder schwimmen gehen.
Kommst du _______ ?

□ Ja, _______.

○ _______ (können) du morgen Abend?

□ Um _______ Uhr?

○ So um halb sieben.

□ Das geht.

b) ○ Kommst du mit _____________ ?

□ In die Diskothek? Ja gern, _______ denn?

○ Vielleicht Freitagabend. (Kannst du Freitagabend?)

□ ____________ geht nicht.
Da möchte ich fernsehen.

○ Oder lieber Samstag? _______ das?

□ Samstag geht gut. _______ wieviel Uhr?

○ ___________ ?

□ Gut, also um acht.

6. Was können Sie auch sagen?

a) Wie schmeckt die Suppe?

ⓐ Schmeckt die Suppe nicht?

ⓑ Schmeckt die Suppe?

ⓒ Wie ist die Suppe?

b) Essen Sie doch noch etwas Fleisch!

ⓐ Es gibt noch Fleisch. Nehmen Sie!

ⓑ Nehmen Sie doch noch etwas Fleisch.

ⓒ Gibt es noch Fleisch?

c) Danke, ich habe genug.

ⓐ Danke, ich bin satt.

ⓑ Danke, ich möchte nicht mehr.

ⓒ Danke, der Fisch schmeckt sehr gut.

d) Wann soll ich denn da sein?

ⓐ Wann denn?

ⓑ Um wieviel Uhr?

ⓒ Warum soll ich denn da sein?

7. Wie spät ist es? Schreiben Sie die Uhrzeiten.

a) 9:30 Uhr, b) 15:25 Uhr, c) 5:05 Uhr, d) 19:45 Uhr, e) 1:15 Uhr, f) 16:40 Uhr, g) 3:35 Uhr, h) 21:15 Uhr, i) 11:25 Uhr, j) 13:10 Uhr, k) 8:35 Uhr, l) 23:45 Uhr

a) Es ist halb 10(zehn).

b) ______________________

c) ______________________

d) ______________________

e) ______________________

f) ______________________

g) ______________________

h) ______________________

i) ______________________

j) ______________________

k) ______________________

l) ______________________

Lektion

5

Im Supermarkt (수퍼마켓에서)

1. Was brauchen wir noch? (우리 아직도 무엇을 필요로 하지?)

A: Was brauchen wir?

B: Milch, Joghurt, Marmelade, Reis, ein Hähnchen.

A: Und wieviel?

B: Zwei Packungen Milch, vier Becher Joghurt, ein Glas Marmelade, drei Packungen Reis und ein Hähnchen.

A: Und brauchen wir Äpfel und Zwiebeln?

B: Ja. Da drüben sind Obst und Gemüse.

A: Wieviel Äpfel brauchen wir?

B: Vier Stück reichen.
Nimmst du bitte noch Zwiebeln?

A: Ja, zwei Kilo.
Haben wir noch Tomaten?

B: Ja, wir haben noch genug.

A: So. Ich glaube, jetzt haben wir alles.

B: Halt! Die Getränke fehlen noch.

A: Richtig. Wein und Bier brauchen wir.

B: Einen Kasten Bier und zwei Flaschen Weißwein.

A: Das ist schon genug. Zahlen wir an der Kasse.

설명

- Ich brauche(Wir brauchen) ein Schwarzbrot(eine Packung Milch, ein Glas Marmelade, einen Becher Joghurt, eine Dose Thunfisch, zwei Stück Äpfel).

  나(우리)는 흑빵 하나(우유 팩 하나, 글라스처럼 생긴 용기에 든 잼 하나, 잔처럼 생긴 용기에 든 요구르트 하나, 참치 통조림 하나, 두 개의 사과)를 필요로 한다.
- Was kostet eine Packung Milch?
- Was kosten zwei Schwarzbrote?
- Wir brauchen einen Kasten Bier und zwei Flaschen Weißwein(zwei Kilo Zwiebeln und ein Pfund Tomaten).

  우리는 맥주 한 상자와 백포도주 두 병(2kg 양파와 1파운드의 토마토)을 필요로 한다.

- Eine Packung Milch kostet 10 Cent.
- Zwei Schwarzbrote kosten 2 Euro 20.

2. Eva und Hans Kaufmann haben Gäste.
(에바와 한스 카우프만 씨 댁에 손님이 오다.)

Eva und Hans Kaufmann wohnen in München.
Eva ist Sekretärin und Hans ist Lehrer.
Heute Abend haben sie Gäste. Jetzt sind sie im Supermarkt.

A: Was brauchen wir denn noch für heute Abend?

B: Ich brauche noch ein Schwarzbrot und zwei Weißbrote, vier Dosen Thunfisch, Käse, Tomaten und eine Ananas.

A: Da ist Salami.

B: Nein, wir brauchen keine Wurst mehr.
Ich habe genug zu Haus.

A: Brauchen wir noch Wein?

B: Nein, wir haben noch zwei Flaschen Rotwein.
Aber wir haben kein Bier mehr.

A: Haben wir genug Zigaretten?

B: Ja. Marion raucht nicht, und Andreas raucht keine Zigaretten. Er raucht Pfeife.

Die Kassiererin sagt:

C: Das macht sechzehn Euro.

B: Zehn, fünfzehn, sechzehn. Bitte sehr.

C: Vielen Dank. Auf Wiedersehen.

설명

- Ich brauche noch ein Schwarzbrot(eine Salami/ Tomaten).
  나는 아직도 흑빵 하나(살라미 소시지 하나/토마토)를 필요로 한다.
- Haben wir noch Tomaten?
  우리 아직도 토마토 있어?
- Ja, wir haben noch genug.
  예, 아직도 충분하게 가지고 있어요.
- Brauchen wir noch Wein?
  우리 아직 포도주가 필요해요?
- Nein, wir haben noch zwei Flaschen Rotwein.
  아니요, 우린 아직도 적포도주 두 병이 있어요.
- Wir brauchen kein Schwarzbrot (keine Salami/ keine Tomaten) mehr.
  우리는 흑빵(살라미 소시지/토마토)을 더 이상 필요로 하지 않는다.

3. In der Wurst- und Fleischabteilung (소시지와 육류코너에서)

A: Bitte, was bekommen Sie?
B: Zweihundert Gramm Schweinefilet bitte.
A: Sonst noch etwas?
B: Ein halbes Pfund Schinken.
A: Roh oder gekocht?
B: Gekocht bitte.
A: Am Stück oder geschnitten?
B: Geschnitten bitte.
A: Darf's auch etwas mehr sein?
B: Ja, gern.
A: Und außerdem bitte?
B: Hundert, nein, lieber hundertfünfzig Gramm Aufschnitt.
A: Sonst noch etwas?
B: Danke, das wär's.
A: So, bitte.
B: Danke.

설명

* Was bekommen Sie? = Was darf es sein?
= Sie wünschen? = Bitte sehr/schön?
무엇을 원하십니까?

- Sonst noch etwas? = Sonst noch? = Haben Sie sonst noch einen Wunsch? = Und außerdem bitte?
그 외에 또 원하시는 것은?

- Danke, das wär's. = Das wär's dann.
감사합니다, 이것으로 충분할 것 같습니다.

4. In der Bäckerei (빵 가게에서)

A: Was darf es sein?
B: Ein Schwarzbrot bitte. Das ist doch von heute?
A: Ja, ja, ganz frisch. Sonst noch etwas?
B: Zwei Mohnbrötchen und drei Brezeln.
A: Zwei Mohn und drei Brezeln.
Haben Sie sonst noch einen Wunsch?
B: Was ist das für ein Brot, das da hinten?
A: Vollkornbrot. Das große da ist mit Sonnenblumenkernen.
B: Und das?
A: Das ist mit Nüssen.
B: Das nehme ich. Kann ich davon auch die Hälfte haben?
A: Ja, natürlich. Sonst noch?
B: Das wär's dann.
A: Das macht vier Euro dreißig.
Haben Sie vielleicht dreißig Cent?
B: Moment. Ja hier.
A: Danke. Und sechs Euro zurück.
B: Danke. Haben Sie vielleicht eine Tüte?
A: Ja, natürlich. So.
B: Danke, Wiedersehen.
A: Auf Wiedersehen.

설명

- Das ist doch von heute? 이건 오늘 (구운) 것이지요?
- Ja, ganz frisch. 예, 아주 갓 구운 것입니다.
  Nein, das ist von gestern. 아닙니다, 이건 어제 것입니다.
- Was ist das für ein Brot? = Was für ein Brot ist das? 이것은 어떤 종류의 빵입니까?
- Ein Vollkornbrot. 통밀빵입니다.

Grammatik

1. Nomen: Pluralformen (명사의 복수 변화)

Singular (단수명사)	Formen (복수형식)	Plural (복수명사)	Ebenso: (동일한 유형의 명사의 복수)
Becher	—	Becher	Brötchen, Onkel, Zimmer, Lehrer, Möbel, Hähnchen
Apfel	¨	Äpfel	Kästen(Kasten), Brüder(Bruder), Klöster(Kloster)
Brot	—e	Brote	Salate(Salat), Tische(Tisch), Stücke(Stück), Fische(Fisch), Getränke(Grtränk)
Saft	¨e	Säfte	Würste(Wurst), Gäste(Gast), Stühle(Stuhl), Ärzte(Arzt)
Ei	-er	Eier	Kinder(Kind), Bilder(Bild)
Glas	¨er	Gläser	Männer(Mann), Häuser(Haus), Räder(Rad)
Dose	-n	Dosen	Tomaten(Tomate), Zigaretten(Zigarette),
			Tassen(Tasse), Suppen(Suppe), Zwiebeln(Zwiebel)
Packung	-en	Packungen	Bäckereien(Bäckerei), Wohnungen(Wohnung), Freundinnen(Freundin)
Kotelett	-s	Koteletts	Kinos(Kino), Autos(Auto), Kameras(Kamera), Parks(Park), Babys(Baby)

2. Artikel und Nomen (관사와 명사)

a) Nominativ (1격)

		definiter Artikel	indefiniter Artikel	
			positiv	negativ
Singular (단수)	Maskulinum(남성)	**der** Tisch	**ein** Tisch	**kein** Tisch
	Femininum(여성)	**die** Lampe	**eine** Lampe	**keine** Lampe
	Neutrum(중성)	**das** Bild	**ein** Bild	**kein** Bild
Plural (복수)	Maskulinum	**die** Tische	- Tische	**keine** Tische
	Femininum	**die** Lampen	- Lampen	**keine** Lampen
	Neutrum	**die** Bilder	- Bilder	**keine** Bilder

* Achtung!

Artikel im Plural: Maskulinum = Femininum = Neutrum

b) Akkusativ (4격)

		definiter Artikel	indefiniter Artikel	
			positiv	negativ
Singular (단수)	Maskulinum (남성)	**den** Salat	**einen** Salat	**keinen** Salat
	Femininum (여성)	**die** Suppe	**eine** Suppe	**keine** Suppe
	Neutrum (중성)	**das** Ei	**ein** Ei	**kein** Ei
Plural (복수)	Maskulinum	**die** Salate	- Salate	**keine** Salate
	Femininum	**die** Suppen	- Suppen	**keine** Suppen
	Neutrum	**die** Eier	- Eier	**keine** Eier

Zum Vergleich (비교):

Nominativ (1격)				Akkusativ (4격)		
Das ist	ein	Tisch,		Ich kaufe	einen	Tisch.
das ist	kein	Stuhl.		Ich brauche	keinen	Stuhl.
	Der	Tisch	kostet 100 Euro.	Ich nehme	den	Tisch
Das ist	eine	Lampe,		Ich kaufe	eine	Lampe.
das ist	keine	Kamera.		Ich brauche	keine	Kamera.
	Die	Lampe	ist praktisch.	Ich nehme	die	Lampe.
Das ist	ein	Bild,		Ich kaufe	ein	Bild.
das ist	kein	Foto.		Ich brauche	kein	Foto.
	Das	Bild	ist neu.	Ich nehme	das	Bild.
Das sind		Tische,		Ich kaufe		Tische.
das sind	keine	Stühle.		Ich brauche	keine	Stühle.
	Die	Tische	kosten 150 Euro.	Ich nehme	die	Tische.

3. Mengenangaben (수량 표시)

Was	braucht Herr Kaufmann?	- Er braucht		Bier.
Wieviel Bier	braucht Herr Kaufmann?	- Er braucht	eine Flasche	Bier.
			drei Flaschen	Bier.
Was	braucht Herr Kaufmann?	- Er braucht		Äpfel.
Wieviel Äpfel	braucht Herr Kaufmann?	- Er braucht	einen	Apfel.
			zwei	Äpfel.
			ein Kilo	Äpfel.

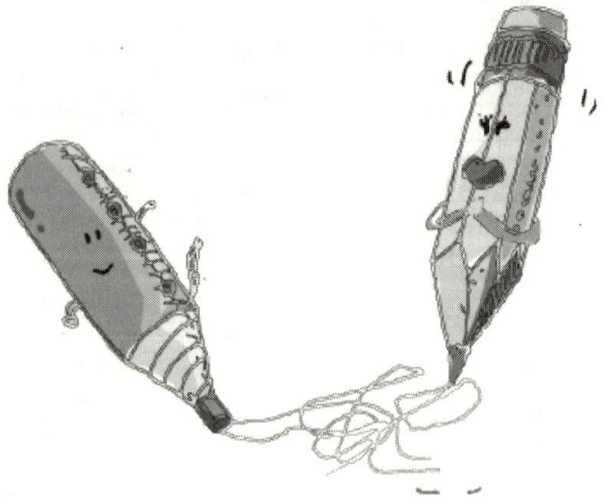

Übungen

1. Wie heiße der Plural?

a) Brot - *Brote*
b) Stück - ______
c) Getränk - ______
d) Kasten - ______
e) Fisch - ______
f) Ei - ______
g) Suppe - ______
h) Glas - ______
i) Apfel - ______
j) Tasse - ______
k) Brötchen - ______
l) Saft - ______
m) Tomate - ______
n) Dose - ______
o) Becher - ______
p) Packung - ______
q) Zwiebel - ______
r) Zigarette - ______
s) Wurst - ______
t) Gast - ______
u) Hähnchen - ______

2. Was passt? Schreiben Sie.

A Glas, B Dose, C Flasche, D Becher, E Packung

a) Öl	b) Waschmittel	c) Joghurt	d) Wein	e) Zucker	f) Cola	g) Saft
B, C	E,					
h) Tee	i) Marmelade	j) Nudeln	k) Kaffee	l) Reis	m) Mehl	n) Milch

3. Was brauchen wir?

2 × Milch,	1 × Marmelade,	4 × Joghurt,	2 × Orangensaft,
8 × Bier,	3 × Thunfisch,	4 × Cola, 3 × Reis,	1 × Zucker

□ Was brauchen wir noch?
■ Milch.
□ Und wieviel?
■ Zwei Packungen.
□ Was brauchen wir noch?
■ ....
□ Und wieviel?
■ ....

4. Antworten Sie mit "nein".

a) ○ Haben wir noch Bier?

□ Nein, wir haben kein Bier mehr.

b) ○ Brauchen wir keine Wurst?

□ Nein, wir brauchen *k*______ Wurst mehr.

c) ○ Haben wir noch Schwarzbrot?

□ Nein, wir haben ______ Schwarzbrot mehr.

d) ○ Brauchen wir keinen Rotwein?

□ Nein, wir brauchen ______ Rotwein mehr.

e) ○ Haben wir noch Zigaretten?

□ Nein, wir haben ______ Zigaretten mehr.

5. Was brauchen wir noch?

◇ Was brauchen wir noch? (zwei Weißbrote)

◆ Wir brauchen noch zwei Weißbrote.

a) ◇ Was brauchen wir noch? (fünf Flaschen Bier)

◆ ____

b) ◇ Was brauchen wir noch? (vier Packungen Milch)

◆ ____

c) ◇ Was brauchen wir noch? (zwei Dosen Cola)

◆ ____

d) ◇ Was brauchen wir noch? (drei Becher Joghurt)

◆ ____

e) ◇ Was brauchen wir noch? (zwei Flaschen Mineralwasser)

◆ ____

6. Was kosten die Zigaretten? Antworten Sie.

a) ● Was kosten die Zigaretten? (2 Euro)

● Sie kosten 2 Euro.

b) ● Was kostet der Käse? (1 Euro 30)

● Er kostet ____________________ .

c) ● Was kosten drei Weißbroten? (3 Euro)

● ____________________

d) ● Was kostet die Wurst? (2 Euro 50)

● ____________________

e) ● Was kosten die Tomaten? (2 Euro 80)

● ____________________

f) ● Was kostet das Schwarzbrot? (1 Euro 10)

● ____________________

Lektion

6

Im Restaurant (레스토랑에서)

Im Restaurant (레스토랑에서)

1. Wir möchten gern bestellen. (주문을 하고 싶습니다.)

A: Wir möchten gern bestellen.
B: Bitte schön?
A: Ich nehme eine Gemüsesuppe und ein Kotelett.
B: Und was trinken Sie?
A: Ein Glas Rotwein.
B: Und Sie? Was bekommen Sie?
C: Ein Wiener Schnitzel bitte.
Aber keine Pommes frites, lieber Reis. Geht das?
B: Ja, natürlich!
Und was möchten Sie trinken?
C: Ein Bier.

설명

- Bitte, was bekommen/möchten Sie?
(Bitte schön?/Sie wünschen?/Was darf ich Ihnen bringen?/Haben Sie schon gewählt?)
무엇을 원하십니까(주문하시겠습니까)?
- (Ich möchte/nehme/esse) **Eine** Gemüsesuppe/ **Ein** Wiener Schnitzel/ **Einen** Schweinebraten.
야채 수프/비엔나 슈니첼/돼지 불고기를 원합니다.

- Und was möchten Sie trinken?

  그리고 무엇을 마시고 싶습니까?

- **Ein** Bier/ **einen** Rotwein.

  맥주 한 잔/ 적포도주 한 잔

2. Herr Ober, die Rechnung bitte. (웨이터 씨, 계산서 부탁합니다.)

A: Herr Ober, die Rechnung bitte. Wir möchten bezahlen.

B: Bitte sehr. Zusammen oder getrennt?

C: Getrennt bitte.

B: Und was bezahlen Sie?

A: Ich bezahle die Gemüsesuppe, das Kotelett und den Rotwein.

B: Das macht 9 Euro 50.

C: Und ich bezahle das Wiener Schnitzel mit Reis und das Bier.

B: Das macht 7 Euro 10.

설명

- Herr Ober(Fräulein), die Rechnung bitte.

  웨이터(아가씨), 계산서 부탁합니다.

- Was bezahlen Sie?

  당신은 무엇(무슨 음식 값)을 지불합니까?

- Ich bezahle **die** Gemüsesuppe, **das** Kotelett und **den** Rotwein.

  저는 야채 수프, 커틀릿 그리고 적포도주 값을 지불합니다.

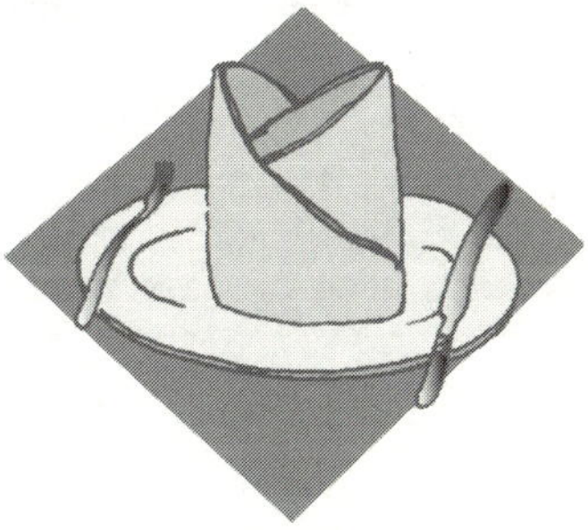

3. Moment bitte, ich komme gleich. (잠깐만, 즉시 오겠습니다.)

A: Entschuldigen Sie bitte.

B: Moment bitte, ich komme gleich.
Bitte schön?

A: Was haben Sie heute als Tagesmenü?

B: Nudelsuppe und Jägerschnitzel mit Kartoffeln und Salat.

A: Gut, das nehme ich.
Kann ich statt Kartoffeln auch Pommes frites haben?

B: Nein, leider nicht. Und was möchten Sie trinken?

A: Ein Pils bitte.
Sagen Sie, kann man hier auch telefonieren?

B: Ja natürlich. Am Eingang ist ein Telefon.

A: Danke.

4. Hat's geschmeckt? (맛이 있었습니까?)

A: Hat's geschmeckt?
B: Sehr gut, danke.
Bezahlen bitte.
A: Sie bezahlen das Menü und das Pils?
B: Ja, richtig.
A: Das macht fünf Euro zwanzig bitte.
B: Hier sechs Euro.
A: Danke schön.
B: Entschuldigen Sie, wo sind Toiletten?
A: Da drüben die Treppe runter und dann links.
B: Danke.
A: Bitte.

설명

* Ich nehme eine Gemüsesuppe und ein Kotelett.
  = Ich möchte eine Gemüsesuppe und ein Kotelett.

* **die Speisen**
  die Gulaschsuppe, die Gemüsesuppe, die Bohnensuppe, die Tomatensuppe, der Salatteller, der Schweinebraten, der Rinderbraten, der Kalbsrahmbraten, das Steak, das Hähnchen, das Fischfilet, das Wiener Schnitzel, das Kotelett, die Forelle, die Nordseescholle, der Knödel, das Schinkenbrot, Pommes frites(Pl.)

* Und was trinken Sie? = Und was möchten Sie trinken?
  - Ich möchte ein Glas Rotwein.

* **die Getränke**
  ein Glas Limonade, ein Glas Milch, eine Tasse Kaffee ohne(mit) Zucker, eine Tasse Tee, ein heißer Kakao, eine Flasche Mineralwasser, ein (Glas) Bier, ein Apfelsaft, ein Orangensaft, eine Cola.

1. Entschuldigung, sind hier noch zwei Plätze frei?
(죄송합니다만, 여기에 빈 좌석 두 개가 있습니까?)

A: Entschuldigung, sind hier noch zwei Plätze frei?
B: Ja bitte, hier ist noch alles frei.
A: Stört's Sie, wenn ich rauche?
B: Nein nein, überhaupt nicht.
Was darf ich Ihnen bringen?
A: Ich hätte gern eine Tasse Kaffee.
Was haben Sie für Kuchen?
B: Wir haben Apfelkuchen, Nusskuchen und Käsekuchen.
A: Dann nehme ich ein Stück Nusskuchen.
C: Für mich einen Apfelkuchen und eine heiße Schokolade.
B: Möchten Sie auch noch etwas essen?
C: Kann man hier auch essen?
B: Ja. Baguette mit Käse, Salat, Tomaten und Spaghetti auch.
C: Dann bringen Sie mir einmal Spaghetti und einen kleinen Salat.
A: Für mich eine Baguette mit Käse und Tomaten.

A: Hallo, hier!
Wir möchten bezahlen.
B: Zusammen oder getrennt?
A: Zusammen!
C: Getrennt!
A: Zusammen. Ich lade dich ein.
C: Vielen Dank.
B: Also, einen Kaffee, einen Nusskuchen, einen Apfelkuchen und eine Schokolade, einmal Spaghetti und einen kleinen Salat, ein Baguette mit Käse und Tomaten.
Das macht zusammen neunzehn Euro.

A: Zwanzig.

B: Vielen Dank.

설명

- Entschuldigung, sind hier noch zwei Plätz frei?

(Entschuldigung, ist dieser Platz/Tisch/hier noch/hier ein Platz frei?)

죄송합니다만, 여기에 좌석 두 개가 비어있습니까?

(죄송합나다만, 이 좌석/식탁/여기에/여기에 한 좌석이 비어있습니까?)

- Ja bitte, hier ist alles frei.

Nein, tut mir Leid. Der Tisch ist reserviert.

(Aber da drüben wird gerade einer/ein Tisch frei.)

예, 여기엔 모두가 비어있습니다.

아니요, 미안합니다. 이 식탁은 예약되어 있습니다.

(그러나 저쪽에 곧 식탁 하나가 비게 됩니다.)

- Stört's Sie, wenn ich rauche?

담배를 피워도 방해가 되지 않겠습니까?

- Nein, überhaupt nicht.

Ja, hier darf man nicht rauchen.

- Das macht zusammen 19 Euro.

함께 계산하여 19 유로입니다.

- Zwanzig. (Der Rest ist für Sie.)

Grammatik

1. Personalpronemen und Verb (동사의 현재인칭 변화)

	Perso.pron.	werden	nehmen
Sg.	ich	werde	nehme
	du	wirst	nimmst
	er,sie, es	wird	nimmt
Pl.	wir	werden	nehmen
	ihr	werdet	nehmt
	sie	werden	nehmen
Sg./Pl.	Sie	werden	nehmen

2. Präteritum(과거) : "haben" "sein"

	Perso.pron.	haben	sein
Sg.	ich	hatte	war
	du	hattest	warst
	er,sie,es	hatte	war
Pl.	wir	hatten	waren
	ihr	hattet	wart
	sie	hatten	waren
Sg./Pl.	Sie	hatten	waren

* Zum Vergleich: Präteritum(과거) / Perfekt(현재완료)

Er hatte einen Unfall. (Präteritum)

Er hat einen Unfall gehabt. (Perfekt)

Er war in Italien. (Präteritum)

Er ist in Italien gewesen. (Perfekt)

3. Vorspeisen, Hauptgerichte, Getränke und Nachspeise(Nachtische)

(전채, 중심 식단, 음료수와 디저트)

레스토랑에서는 일반적으로 처음에 전채(前菜)와 중심 식단(주 메뉴) 그리고 음료수를, 그 후에 디저트를 주문한다.

* **Kalte Vorspeise**(찬 전채)

Fischfilet mit Speckkartoffeln(베이컨과 감자를 곁들인 생선 필레), Käseteller(치즈 요리 접시), Roher Schinken mit Brot und Butter(빵과 버터를 곁들인 날 햄), Schinkenplatte(햄 요리 접시).

* **Warme Vorspeise**(더운 전채)

Gemüsesuppe(야채 수프), Leberknödelsuppe(간 완자 수프), Zwiebelsuppe(양파 수프), Rindfleischsuppe(쇠고기 수프), Gulaschsuppe(굴라쉬 수프), Nudelsuppe(국수 수프).

* **Hauptgerichte**(중심 식단)

Vom Rind(쇠고기): Rheinischer Sauerbraten mit Kartoffeln und Rotkohl(감자와 빨간 양배추를 곁들인 라인식의 초에 절여 구운 쇠고기), Roastbeef(로스트비프), Rinderfilet(쇠고기 필레), Rindersteak(쇠고기 스테이크), Kalbsrahmbraten(생크림 곁들인 송아지고기 구이), Kalbsgeschnetzeltes(얇은 조각의 송아지고기), Wiener Schnitzel(비엔나 슈니첼)

Vom Schwein(돼지고기): Schweinshaxe mit Kartoffelkloß(감자 경단을 곁들인 돼지 넙적다리 고기), Schweinebraten(돼지고기 구이), Eisbein mit Sauerkraut(소금에 절인 양배추를 곁들인 삶은 돼지다리), Schweinebauch(돼지의 복부살)

Vom Fisch(생선): Forelle(송어), Nord-seescholle(북해 가자미)

* **Salate**(샐러드)

Kleiner Salatteller(작은 샐러드 접시), Großer Salatteller(큰 샐러드 접시)

* **Getränke**(음료수)

Cola(콜라), Fanta(환타), Apfelsaft(사과 주스), Orangensaft(오렌지 주스), Mineralwasser(광천수), Bier(맥주), Wein(포도주)

* **Dessert(Nachspeise/ Nachtisch)**(디저트)

Vanilleeis mit heißen Himbeeren(뜨거운 나무 딸기를 곁들인 바닐라 아이스크림), Gemischter Eisbecher(여러 가지를 섞은 아이스크림), Schokoladenpudding(쵸코릿 푸딩)

Übungen

1. Was passt?

a) Kaffee - Tasse / Bier - *Glas*

b) Tee - trinken / Suppe - ______

c) Campari - bitter / Kuchen - ______

d) Abend - Abendbrot / Mittag - ______

e) Steak - Hauptgericht / Eis - ______

f) Forelle - Fisch / Kotelett - ______

2. Schreiben Sie

Herr Weiß: Kotelett, Kartoffelsalat, Brötchen, Bier
Frau Weiß: Pommes frites, Gulaschsuppe, Kaffee
Peter: Cola, Hähnchen, Eis
Susanne: Apfelsaft, Käsebrot, Kuchen

a) Herr Weiß möchte ein Kotelett, ____________________ ,
__________ und _________________ .

b) Frau Weiß möchte __________ , ____________ und ____________ .
____

c) Peter möchte ______________ , ____________ und ____________ .
____

d) Susanne möchte ____________ , ____________ und ____________ .
____

3. Schreiben Sie Dialoge.

a) Hähnchen - Fisch

○ *Bekommen Sie das Hähnchen?*

□ *Nein, ich bekomme den Fisch.*

b) Wein - Bier

○ ______________________

□ ______________________

c) Suppe - Käsebrot

○ ______________________

□ ______________________

d) Eis - Kuchen

○ ______________________

□ ______________________

e) Kaffee - Tee

○ ______________________

□ ______________________

4. Ergänzen Sie.

a) Das Brot esse ich nicht. _Es_ ist alt.

b) Den Wein trinke ich nicht. _____ ist zu sauer.

c) Ich esse einen Kuchen.

___ macht dick, aber ____ schmeckt gut.

d) Das Bier trinke ich nicht. ____ ist zu warm.

e) Ich trinke ein Bier. ___ schmeckt gut, und ___ ist nicht teuer.

f) Die Kartoffeln esse ich nicht. ____ sind kalt.

g) Ich esse ein Steak. ___ ist teuer, aber ___ schmeckt gut.

5. Ergänzen Sie.

○ Wir möchten gern bestellen.

□ ______________________ ?

○ Ich nehme ______ Gemüsesuppe und _____ Kotelett.

□ Und was trinken Sie?

○ _____ Glas Rotwein.

□ Und Sie? Was bekommen Sie?

● Ein Wiener Schnitzel bitte.

Aber ______ Pommes frites, lieber Reis. ______ das?

□ Ja, natürlich!

Und was möchten sie trinken?

● ______ Bier.

6. Ergänzen Sie.

○ Herr Ober, die Rechnung bitte. Wir möchten ________ .

□ Bitte sehr. ________ oder ________ ?

● Getrennt bitte.

□ Und was bezahlen Sie?

○ Ich bezahle ____ Gemüsesuppe, ____ Kotelett und ____ Rotwein.

□ ____________ 9 Euro 50.

● Und ich bezahle ____ Wiener Schnitzel mit Reis und ____ Bier.

□ ____________ 7 Euro 10.

7. Und was essen und trinken Sie?

Zum Frühstück isst Herr Weiß ein Brötchen mit Butter und Marmelade.

Er trinkt eine Tasse Kaffee.

Zum Mittagessen isst er im Restaurant eine Gemüsesuppe, ein Rindersteak und trinkt eine Cola.

Zum Abendessen isst er ein Kotelett, Kartoffeln und Gemüse und trinkt eine Flasche Bier.

* Und was essen und trinken Sie?

Zum Frühstück ____

____

Zum Mittagessen ____

____

Zum Abendessen ____

____

Lektion 7

Wohnen (주거)

1. Die Turmwohnung (탑 안의 주택)

A: Herr Probst, Sie wohnen in einem Turm . . .

B: Ja, das stimmt. Ich wohne hier im Münster von Bern, also mitten in der Stadt.
Das klingt wie in einem Märchen, aber es ist wahr.
Ich bin nämlich der Turmwächter und verkaufe den Touristen Eintrittskarten und erzähle ihnen etwas über Bern.

A: Und wie hoch ist der Turm?

B: Der Turm ist genau 100 Meter hoch.
Aber ich lebe mit meiner Frau hier oben auf etwa 50 Meter Höhe.

A: Wie lange schon?

B: Seit zehn Jahren. Und uns gefällt es immer noch. Die Aussicht ist großartig.

A: Und wie groß ist die Wohnung?

B: Das ist eine 4-Zimmer-Wohnung, ziemlich groß, etwa 200 Quadratmeter.
Wir haben drei Zimmer und ein Büro, dann Küche, Bad und WC . . . und eine Terasse mit wunderschöner Aussicht.

A: Haben Sie einen Keller?

B: Was meinen Sie? Haha!

A: Und wie oft kaufen Sie ein?

B: Jeden Tag, da gehen wir die Treppe rauf und runter. Ich mache das meistens viermal pro Tag - das sind tausend Stufen!
Aber das ist gesund, da bleibe ich fit.

설명

- Wo wohnen Sie/wohnst du?

- Ich wohne in Seoul/Daejeon /Kwangju/Daegu ...

- Wohnen Sie in einem Hochhaus?
  당신은 고층 건물에서 사십니까?

- Ja, ich wohne in einem Hochhaus.
  Nein, in einem Einfamilienhaus/ Reihenhaus.
  아닙니다, 한 개인주택에서/연립주택에서 삽니다.

- Vgl. Ich wohne in einem Einzimmer-Appartement.
  저는 원룸 아파트에서 삽니다.

- Wo genau (ist das)?
  그것은 정확하게 어디에 있습니까?

- Am Stadtrand./Im Zentrum./Auf dem Land./In der Stadt./In einem Wohnblock.
  시 외곽에./시 중심지에./시골에./도시에./주택구역에.

- Wie groß ist die Wohnung?
  그 주택은 얼마나 큽니까?

- Etwa 200 Quadratmeter (groß).
  약 200㎡입니다.

2. Die neue Wohnung (새 주택)

①

A: Das Wohnzimmer finde ich originell.

B: Originell? Mir gefällt es überhaupt nicht. Da passt ja nichts zusammen!
Schau mal: Das Sofa ist schwarz und rund, der Sessel ist blau und eckig - das geht nicht. Und der Teppich gelb, der Boden blau, und dazu die Möbel aus Holz, und oben an der Decke der Ventilator - schrecklich!

②

A: Entschuldigung, wo ist bitte die Toilette?

B: Wie bitte?

A: Ich suche die Toilette.

B: Ach so. Im Flur, zweite Tür rechts.

A: Danke.

③

A: Schau mal, da an der Wand, die Poster und Fotos!
Gefallen die dir?

B: Ja, sicher. Das da hab' ich auch.

A: Und die Bilder - ziemlich alt. Sind die wohl echt?

B: Glaub ich nicht.

A: Und da, ein Bild von van Gogh!

B: Wo denn?

A: Da hinten, im Schlafzimmer.

B: Ach so, das gelbe Zimmer.

④

A: Schön, wirklich schön. Ich gratuliere!

B: Ja, uns gefällt es auch. Aber hier im Büro ist noch Unordnung.
Hier stellen wir dann den Computer hin und dort das Bücherregal.
Tja, dann sind wir schon fast fertig.
Dann bleibt nur noch die Küche . . .

설명

* **Die Wohnung/Das Haus** hat ein Wohnzimmer, zwei Schlafzimmer, ein Kinderzimmer, ein Arbeitszimmer, ein Esszimmer, eine Küche, ein Bad(ein Badezimmer), eine Toilette, einen Flur und einen Balkon(eine Terrasse, einen Keller, einen Garten, eine Garage).
* **Der Sessel** ist rund/ eckig/ aus Holz/ aus Plastik.
* **Die Möbel** sind modern/ alt/ praktisch/ schön/ hässlich.
* **Die Couch** ist bequem/ neu/ modern/ originell.

- Wie findest du/finden Sie das Wohnzimmer?
  당신은 이 거실을 어떻게 생각하십니까?
- Ich finde es sehr gemütlich.
  나는 이 거실이 아주 안락하다고 생각해.
- Gefällt Ihnen/dir das Foto?
  이 사진이 당신의 마음에 듭니까?
- Ja, es gefällt mir sehr gut.
  Nein, mir gefällt es überhaupt nicht.

3. Du, das Wohnzimmer ist phantastisch. (거실이 환상적이야.)

A: Du, das Wohnzimmer ist phantastisch.
B: Findest du?
A: Ja, sehr gemütlich, und die Möbel sind sehr schön.
Sind die neu?
B: Nicht alle, nur der Schrank, die Couch und die Stühle.
A: Die Sessel und der Tisch nicht?
B: Nein, die sind alt.
A: Und die Lampe, die ist toll. Die gefällt mir.
B: Komm, und hier ist das Bad . . .

4. Wie teuer ist die Küche? (부엌 값이 얼마이지요?)

Elena und Heinz haben seit einer Woche eine neue Wohnung im Zentrum.
Sie gehen in ein Geschäft. Sie wollen etwas kaufen.

A: Wie teuer ist die Küche?
B: Etwa 3,000 Euro.
C: Ganz schön teuer.
A: Ist das der Preis mit Herd?
B: Nein, der Herd ist nicht dabei.
C: Was kostet der denn etwa?
B: Zwischen 400 und 1,000 Euro.
A: Also kostet das Ganze etwa 3,500 Euro?
B: Ja, aber ohne die Schränke, die gehören nicht dazu.
Aber sehen Sie, die Küche ist hell und modern.
Sehr praktisch: genug Regale, zwei Spülbecken, viel Platz zum

Kochen.

C: Ja, das schon, aber . . .

A: Also 4,000 Euro, dann ist die Küche komplett.

B: Ja, so ungefähr - nur die Geschirrspülmaschine . . .
Haben Sie sonst noch Fragen?

C: Ja, haben Sie auch billige Küchenstühle aus Plastik?

설명

* **die Adjektive**: alt⇔neu, breit⇔schmal, groß⇔klein, eng⇔weit, hell⇔dunkel, hoch⇔ niedrig, rund⇔ eckig, billig⇔ teuer, modern⇔ unmodern(altmodisch),gemütlich⇔ungemütlich, praktisch⇔ unpraktisch, schön⇔hässlich, bequem⇔unbequem, gut⇔schlecht

- Ist das der Preis mit Herd?
  이건 레인지가 포함된 가격입니까?

- Ja, der Herd ist dabei.
  예, 여기엔 레인지가 포함되었습니다.
  Nein, der gehört nicht dazu.
  아니요, 그건 여기에 포함되지 않았습니다.

- Was kostet alles zusammen?
  모두 함께 값이 얼마입니까?

- 4,000 Euro komplett.
  완비하는 데 4,000 유로입니다.
  Das ist nicht teuer/ preiswert/ billig.
  그것은 비싸지 않습니다/적당합니다/쌉니다.

Grammatik

1. Personalpronomen (인칭대명사 격변화)

		Nominativ	Genitiv	Dativ	Akkusativ
Sg.	1. Person	ich	meiner	mir	mich
	2. Person	du	deiner	dir	dich
	3. Person	er	seiner	ihm	ihn
		sie	ihrer	ihr	sie
		es	seiner	ihm	es
Pl.	1. Person	wir	unser	uns	uns
	2. Person	ihr	euer	euch	euch
	3. Person	sie	ihrer	ihnen	sie
Sg./Pl.	2. Person	Sie	Ihrer	Ihnen	Sie

2. Verben mit Dativ- und Akkusativergänzung

3격과 4격 보족어를 요구하는 동사)

wem / was / erzählen(empfehlen, erklären, geben, kaufen, mitbringen, zeigen, usw.)

Herr Probst verkauft den Touristen(D.) Eintrittskarten(A.).

	Fred	hat			morgen	**Geburtstag.**	
Was		kann	Carola	**ihm**			schenken?
	Lisa	empfiehlt		**ihr**		**eine CD.**	
(Aber)	Carola	möchte		**ihm**		**keine CD**	schenken.
Deshalb		kauft	sie	**ihm**		**ein Buch.**	
				Dativergänzung		**Akkusativergänzung**	

Achtung! (주의)

Die Dativergänzung ist nicht immer notwendig.

(3격 보족어는 항상 필수적은 아니다.)

z.B. Wir geben eine Party. Sie kauft ein Brot.

Achtung! (주의)

Die Wortstellung (배어법)

Christian	bringt	Elena und Heinz	einen Herd.
Christian	bringt	ihnen	einen Herd.
Christian	bringt	ihn	Elena und Heinz.
Christian	bringt	ihn	ihnen.

Herr Probst	verkauft	den Touristen	Eintrittskarten.
Herr Probst	verkauft	ihnen	Eintrittskarten.
Herr Probst	verkauft	sie	den Touristen.
Herr Probst	verkauft	sie	ihnen.

3. Verben mit Dativergänzungen (3격 보족어를 요구하는 동사)

Wem / passen(gefallen, helfen, antworten, danken, usw.)

		Passt	es	dir	Samstag?
Samstag		passt	es	mir	nicht.
	Das Wohnzimmer	gefällt		mir	sehr.
		Gefällt	es	dir	wirklich nicht?
Dann		kann	ich	dir	auch nicht helfen.

Achtung! (주의)

Unregelmäßige Wortstellung. (불규칙적인 배어법)

Gefällt Ihnen das Wohnzimmer nicht?

Übungen

1. Ergänzen Sie.

wohnen, mitten in der Stadt, Zimmer, Küche, Büro, WC, wie hoch, Stufen, Keller, 100 Meter, Höhe, wie groß, Quadratmeter, wie lange, seit, etwa, Treppe

● Herr Probst, Sie _______ in einem Turm . . .

○ Ja, das stimmt. Ich wohne hier im Münster von Bern, also ____________________

● Und wie hoch ist der Turm?

○ Der Turm ist genau ________ hoch.

Aber ich lebe mit meiner Frau hier oben auf _______ 50 Meter Höhe.

● Wie lange schon?

○ _____ zehn Jahren. Und uns gefällt es immer noch.

● Und _________ ist die Wohnung?

○ Das ist eine 4-Zimmer-Wohnung, ziemlich groß, etwa 200 _________

Wir haben drei ________ und ein ________

dann _______ , Bad und ________ . . .

und eine Terrasse mit wunderschöner Aussicht.

● Haben Sie einen _______ ?

○ Was meinen Sie? Haha!

● Und wie oft kaufen Sie ein?

○ Jeden Tag, da gehen wir die _______ rauf und runter. Ich mache das meistens viermal pro Tag - das sind tausend _______ !

Aber das ist gesund, da bleibe ich fit.

2. Ergänzen Sie.

a) alt	- *neu*	g) modern	- ______________
b) hässlich	- ______________	h) eckig	- ______________
c) breit	- ______________	i) niedrig	- ______________
d) gut	- ______________	j) praktisch	- ______________
e) gemütlich	- ______________	k) groß	- ______________
f) dunkel	- ______________	l) unbequem	- ______________

3. 'Wer', 'Was', 'Woher', 'Wo', 'Wie', 'Wieviel', 'Wie viele'? Fragen Sie.

a) Das ist ein Hochhaus. ○ Was ist das? ____________

b) Es liegt in München. ○ ____________________

c) Da wohnt Herr Kim. ○ ____________________

d) Die Miete kostet 5,000 Euro. ○ ____________________

e) Sie hat 80m². ○ ____________________

f) Die hat drei Zimmer. ○ ____________________

g) Sie ist sehr modern. ○ ____________________

h) Herr Kim ist Koreaner. ○ ____________________

4. Die neue Wohnung: Ergänzen Sie.

①

□ Das *Wohnzimmer* finde ich originell.

■ Originell? Mir gefällt es überhaupt nicht. Da passt ja nichts zusammen! Schau mal: Das ________ ist schwarz und rund, der ________ ist blau und eckig - das geht nicht. Und der __________ gelb, der Boden blau, und dazu die _______ aus Holz, und oben an der _______ der Ventilator - schrecklich!

②

○ Entschuldigung, wo ist bitte die ______ ?

□ Im ______ , zweite Tür rechts.

○ Danke.

③

○ Und da, ein Bild von van Gogh!

● Wo denn?

○ Da hinten, im __________

● Ach so, das gelbe Zimmer.

④

□ Schön, wirklich schön. Ich gratuliere!

■ Ja, uns gefällt es auch. Aber hier im ________ ist noch Unordnung. Hier stellen wir dann den _________ hin und dort das Bücherregal. Tja, dann sind wir schon fast fertig. Dann bleibt nur noch die _________ . . .

5. Lesen Sie die Beispiele. Schreiben Sie Antworten mit "Ja, ..." "Nein, ..." oder "Doch, ..."

Ich finde, das passt gut.

- ***Nein***, *das passt überhaupt nicht!*

- ***Ja***, *das finde ich auch, das passt wirklich gut!*

Das passt überhaupt nicht zusammen.

- ***Nein***, *das ist wirklich nicht schön.*

- ***Doch***, *das passt sehr gut zusammen!*

a) Mir gefällt es gut.

Ja, ______________________________

Nein, ______________________________

b) Das gefällt mir nicht.

Nein, ______________________________

Doch, ______________________________

c) Ich finde das originell.

Ja, ______________________________

Nein, ______________________________

6. Ergänzen Sie: ihm, ihr, ihnen oder Ihnen.

a) Gefällt es *ihm* (der Student)?

b) Ich gebe _____ (Sie) meine Telefonnummer.

c) Ich leihe _____ (Theo und Sabine) meine Küchhenstühle. Sie machen ein Fest.

d) Herr Probst erklärt ______ (die Touristen) die Kirche.

e) Er verkauft _____ (die Freundin) sein Auto.

f) Bis wann kannst du _____ (Herr Meier) antworten?

g) Kann ich _____ (Sie) helfen?

7. Was können Sie auch sagen?

a) Das Zimmer ist 20 Quadratmeter groß.

ⓐ Das Zimmer ist sehr groß.

ⓑ Das Zimmer hat 20 Quadratmeter.

b) Das Zimmer ist noch frei.

ⓐ Das Zimmer ist schon weg.

ⓑ Das Zimmer, ist das noch frei?

ⓒ Das Zimmer ist nur 20 Quadratmeter groß.

ⓒ Das Zimmer ist noch nicht weg.

c) Wie teuer ist die Wohnung?
ⓐ Ist die Wohnung teuer?
ⓑ Wieviel kostet die Wohnung?
ⓒ Wieviel kostet es?

d) Die Wohnung ist toll.
ⓐ Ich finde, die Wohnung ist teuer.
ⓑ Die Wohnung ist sehr modern.
ⓒ Die Wohnung ist phantastisch.

e) Der Tisch ist nicht neu, nur die Sessel.
ⓐ Der Tisch ist alt, nur die Sessel nicht.
ⓑ Der Tisch ist alt, die Sessel auch.
ⓒ Nur die Sessel sind alt, der Tisch nicht.

f) Wo liegt die Wohnung?
ⓐ Wo ist die Wohnung?
ⓑ Wie liegt die Wohnung?
ⓒ Wie ist die Wohnung?

8. Zeichnen Sie ein Haus.

das Haus, der Keller, das Erdgeschoss / Parterre, der erste Stock, das Stockwerk, der Dachboden, das Dach, der Kamin / der Schornstein, die Tür, die Treppe, die Stufe, der Raum / das Zimmer, die Wand, die Decke, der Boden, das Fenster, die Garage, der Garten, die Terrasse, der Aufzug

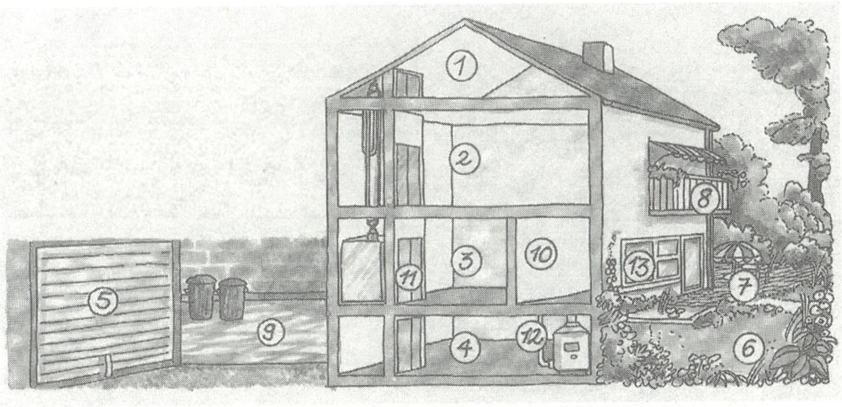

Lektion

8 Im Resisebüro und an der Hotelrezeption (여행 안내소와 호텔 후론트에서)

Im Reisebüro (여행안내소에서)

1. Ich suche ein Einzelzimmer mit Bad.
(저는 목욕탕이 있는 싱글룸을 찾습니다.)

A: Guten Tag.
Ich suche ein Einzelzimmer mit Bad für ungefähr 50 Euro die Nacht.
Können Sie mir etwas empfehlen?

B: Möchten Sie im Zentrum wohnen oder lieber außerhalb?

A: Möglichst zentral.
Am liebsten wäre mir ein Hotel in der Nähe vom Messegelände.

B: Da haben wir das Hotel Vierjahreszeiten.
Das Einzelzimmer kostet 90 Euro.

A: 90 Euro, das ist zu teuer.
Gibt's nichts Billigeres da in der Nähe?

B: Da gibt es noch das Hotel Stern.
Das ist etwas billiger. 70 Euro.

A: Mit oder ohne Frühstück?

B: Mit Frühstück.

A: Und liegt das Hotel ruhig?

B: Nein, es ist ein bisschen laut.

A: Hat das Zimmer einen Balkon?

B: Ja, es hat einen.

A: Gut, dann nehme ich das.
Können Sie vielleicht dort anrufen und für mich reservieren?

B: Ja, natürlich. Einen kleinen Moment.

2. Wir suchen ein Doppelzimmer. (우리는 2인용 룸을 찾습니다.)

A: Wir suchen ein Doppelzimmer für ungefähr 60 Euro.
Können Sie uns etwas empfehlen?

B: Ja, da haben wir das Schlosshotel.
Das Doppelzimmer kostet 100 Euro.

A: 100 Euro, das ist zu teuer.

B: Dann gibt es noch das Hotel Waldhaus.
Das ist etwas billiger. 80 Euro.

A: Gibt es nichts Billigeres?

B: Noch etwas Billigeres? Und dann haben wir die Pension Oase.
Die ist billiger. Nur 60 Euro mit Frühstück.

A: Liegt die Pension ruhig?

B: Ja, ganz ruhig. Die Pension liegt im Wald.

A: Wie weit ist es zum Zentrum?

B: Etwa 5 Kilometer.
Aber mit dem Auto dauert es nur 10 Minuten.

A: Kann man da auch essen?

B: Ja, natürlich.

A: Gut, das Zimmer nehmen wir.

설명

- Ich suche ein Einzelzimmer/ein Doppelzimmer für ungefähr 50 Euro/möglichst zentral.
  저는 약 50유로인/가능하다면 중심지에 있는 싱글룸/2인용 룸을 찾습니다.
- Da haben wir(gibt es) das Hotel V./die Pension O./den Gasthof G.
  그곳에는 호텔V./여인숙O./여관G.가 있습니다.
- Das Hotel ist billiger/ruhiger/zentraler.
  그 호텔은 더 싸다/더 조용하다/더 중심지에 있습니다.
- Das Hotel ist zu teuer/zu weit/zu laut.
  이 호텔은 너무 비쌉니다/멉니다/시끄럽습니다.

- Da gibt es etwas Billigeres/Ruhigeres/Schöneres?

  더 싼 것/더 조용한 것/더 아름다운 것이 있습니까?

- Gibt es nichts Billigeres in der Nähe?

  가까이에 더 싼 것은 없습니까?

- Mit oder ohne Frühstück?

  아침식사가 포함됩니까 아니면 포함되지 않습니까?

- Wie weit ist es zum Zentrum?

  시 중심지까지는 얼마나 멉니까?

- Etwa/ungefähr 5 Kilometer./ Nur 5 Minuten zum Zentrum./ Direkt in der Stadtmitte.

  Aber mit dem Auto/Bus/Zug/Flugzeug (mit der U-Bahn/S-Bahn/Maschine /Straßenbahn) (zu Fuß) dauert es nur 10 Minuten(eine Stunde).

  약 5km./중심지에서 단지 5분 걸립니다./바로 시 중심에 있습니다. 그러나 자동차/버스/기차/비행기(지하철/전철/비행기/전차)(걸어서) 단지 10분(1시간) 걸립니다.

An der Hotelrezeption (호텔 후론트에서)

1. Ich habe reserviert. (저는 예약을 했습니다.)

A: Guten Tag.

B: Guten Tag. Ich habe reserviert.
Ein Doppelzimmer auf den Namen Cheung.

A: Wie bitte? Entschuldigen Sie, wie war der Name?

B: Cheung, C-H-E-U-N-G.

A: Ah ja, Prof. Dr. Cheung aus Korea. Zimmernummer hunderteIf.
Würden Sie sich bitte hier eintragen?

B: Bitte.

A: Danke. Hier ist Ihr Zimmerschlüssel.

B: Vielen Dank.

2. Haben Sie noch ein Zimmer frei? (빈 방이 하나 있습니까?)

A: Guten Abend.

B: Guten Abend.

A: Haben Sie noch ein Zimmer frei?

B: Haben Sie reserviert?

A: Nein.

B: Wie lange möchten Sie denn hier bleiben?

A: Ich weiß noch nicht genau. Erst mal für zwei Nächte.

B: Ein Einzel- oder ein Doppelzimmer?

A: Ein Einzelzimmer bitte.

B: Moment. Ja, eins ist noch frei.

A: Ist das mit Bad?

B: Nein, mit Dusche.

A: Und was kostet das?
B: 70 Euro für eine Nacht.
A: Mit Frühstück?
B: Ja, mit Frühstück.
A: Hm, das nehme ich.
B: Dann tragen Sie sich bitte hier ein.
Danke.
A: Wann gibt's bei Ihnen Frühstück?
B: Von halb sieben bis neun Uhr.
A: Würden Sie mich dann bitte um sieben wecken?
B: Sieben Uhr? In Ordnung.
Hier ist Ihr Zimmerschlüssel, Nummer 463 im 3. Stock.
Der Lift ist dort drüben.
A: Vielen Dank. Gute Nacht.
B: Gute Nacht.

설명

- Haben Sie reserviert/vorbestellt?
  당신은 예약을 했습니까?
- Ja, ich habe reserviert/vorbestellt.
  예, 저는 예약을 했습니다.
  Nein, ich habe nicht reserviert/vorbestellt.
  아닙니다, 저는 예약을 하지 않았습니다.
- Dann tragen Sie sich hier ein.
  그러면 여기(숙박계)에 기재해 주십시오.
- Ja, natürlich.
  예, 물론입니다.
- Wie lange möchten Sie bleiben?
  얼마 동안 머무시겠습니까?
- Nur eine Nacht/zwei Nächte.
  단지 하루 밤만/이틀 밤만

Grammatik

1. Steigerung (형용사의 비교변화)

a) Im Satz

	Wie	ist	das Hotel A?			
		Hotel A	ist			ruhig.
		Hotel B	liegt		aber	ruhiger.
Aber		Hotel C	finde	ich	am ruhigsten.	

b) Steigerungsformen (비교변화의 형식)

	Positiv(원급)	Komparativ(비교급)	Superlativ(최상급)
regelmäßig (규칙적)	schön	schöner	am schönsten
	modern	moderner	am modernsten
	wenig	weniger	am wenigsten
	praktisch	praktischer	am praktischsten
	teuer	teurer	am teuersten
Vokalwechsel (어간의 모음 움라우트)	warm	wärmer	am wärmsten
	kalt	kälter	am kältesten
	kurz	kürzer	am kürzesten
	groß	größer	am größten
	hoch	höher	am höchsten
unregelmäßig (불규칙적)	gut	besser	am besten
	gern	lieber	am liebsten
	viel	mehr	am meisten

2. Welcher, Welche, Welches

Nominativ (1격)

Maskulinum (남성)	**Welcher** Gasthof ist am ruhigsten?
	Der Gasthof Eden.
Femininum (여성)	**Welche** Pension ist am zentralsten?
	Die Pension Schröder.

Neutrum (중성)	**Welches** Hotel ist am schönsten?
	Das Hotel Vierjahreszeiten.
Plural (복수)	**Welche** Zimmer sind am teuersten?
	Die Hotelzimmer.

3. Verben mit Vokalwechsel (어간의 모음이 변하는 동사: 강변화 동사)

	Perso.pron.	empfehlen	sehen	lesen	geben
Sg.	ich	empfehle	sehe	lese	gebe
	du	**empfiehlst**	**siehst**	**liest**	**gibst**
	er	**empfiehlt**	**sieht**	**liest**	**gibt**
	sie				
	es				
Pl.	wir	empfehlen	sehen	lesen	geben
	ihr	empfehlt	seht	lest	gebt
	sie	empfehlen	sehen	lesen	geben
Sg./Pl.	Sie	empfehlen	sehen	lesen	geben

Übungen

1. Ergänzen Sie.

a) neu - *alt*	f) schön - ________	k) hell - ________
b) billig - ________	g) bequem - ________	l) sauer - ________
c) kalt - ________	h) modern - ________	m) schlecht - ________
d) schnell - ________	i) laut - ________	n) gemütlich - ________
e) frisch - ________	j) groß - ________	o) praktisch - ________

2. Bilden Sie Sätze.

a) teuer, sein:

Schlosshotel (100 Euro) - Pension Oase (60 Euro) - Forellenhof (40 Euro)

Die Pension Oase ist teurer als der Forellenhof,

aber am teuersten ist das Schlosshotel.

Ebenso:

b) zentral, liegen:

Schlosshotel(im Zentrum) - Pension Oase(2 km zum Zentrum) - Campingplatz(4 km zum Zentrum)

____

____

c) groß, sein:

Berlin(3,500,000) - Hamburg(1,700,000) - München(1,400,000)

____

____

d) alt, sein:

Universität Prag(1348) - Universität Straßburg(1621) - Universität Bonn(1809)

____

____

e) Deutsch sprechen, gut:

Linda(+) - Lucienne(++) - Ah-rio(+++)

____

f) tanzen mögen, gern:

Monika: tanzen(+) - ins Kino gehen(++) - Freunde treffen(+++)

3. Ihre Grammatik: Ergänzen Sie.

bequem	bequemer	am bequemsten		wärmer	
		am ruhigsten	kurz		
klein					am kältesten
	zentraler		alt		
		am gemütlichsten			am größten
		am weitesten		besser	
neu			gern		
	schlechter				am meisten

4. Welchen Gasthof können Sie empfehlen?

Gasthof Eden 1 Zi. = 30 Euro billig	**Gasthof Stern** im Zentrum zentral	**Hotel Jägerhof** modern	**Hotel Waldhaus** ruhig	**Hotel Alte Krone** schön	**Gasthof Neuwirt** klein
Pension Berghof 50 Euro	**Pension Schröder** 12 km zum Zentrum	**Hotel Berlin** gemütlich	**Gasthof Schell** im Zentrum	**Pension Gudrun** teuer aber klein u. billig	**Hotel zum Bären** schön

□ Welchen Gasthof können Sie empfehlen?

■ *Den Gasthof Eden.*

□ Und warum nicht die Pension Berghof?

■ *Der Gasthof Eden ist billiger.*

□ Welche Pension können Sie empfehlen?

■ ______________________

□ Und warum?

■ ______________________________

□ Welches Hotel können Sie empfehlen?

■ ______________________________

□ Und warum?

■ ______________________________

5. Welche Antwort passt?

a) Können Sie etwas empfehlen?
- ⓐ Ja, ein Zimmer frei.
- ⓑ Nein, das ist teuer.
- ⓒ Ja, die Pension Frauenhofer.

b) Kann man da auch essen?
- ⓐ Nein, es gibt kein Restaurant.
- ⓑ Ja, mit Frühstück.
- ⓒ Nein, ohne Abendbrot.

c) Wie weit ist es zum Zentrum?
- ⓐ Nicht sehr laut.
- ⓑ Nur 1 km.
- ⓒ Sehr zentral.

d) Liegt die Pension ruhig?
- ⓐ Es geht.
- ⓑ Nein, sehr schlecht.
- ⓒ Ja, sehr schön.

6. Was passt zusammen?

A. Was kostet das Zimmer?
B. Liegt die Pension zentral?
C. Können Sie eine Pension empfehlen?
D. Liegt das Hotel ruhig?
E. Wie weit ist es ins Zentrum?
F. Hat das Zimmer ein Telefon?
G. Gibt es Garagen?
H. Ist der Preis mit oder ohne Frühstück?
I. Kann man im Hotel auch essen?
J. Hat das Zimmer Bad oder Dusche?

1 Die Pension Oase ist ganz gut.
2 Ja, aber zum Zentrum sind es 5 km.
3 Nur 2 Minuten.
4 Nein, es ist ohne Telefon.
5 Ja, es gibt ein Restaurant.
6 80 Euro.
7 Nur eine Dusche.
8 Ja, fünf Stück.
9 Ja, direkt im Zentrum.
10 Mit natürlich.

A	B	C	D	E	F	G	H	I	J
6									

Lektion

9 Auf der Bank und auf dem Postamt

(은행과 우체국에서)

Auf der Bank (은행에서)

1. Entschuldigen Sie, wo kann ich Geld wechseln?

(죄송합니다만, 어디에서 돈을 환전할 수 있습니까?)

A: Entschuldigen Sie, wo kann ich Geld wechseln?

B: An der Kasse da drüben.

A: Danke.
Ich möchte US-Dollar in Euro wechseln.

C: Gern. Das sind fünfhundertdreiundsechzig Euro.
Unterschreiben Sie bitte hier unten.

A: Ach so. Geben Sie mir bitte fünf Hunderter und den Rest klein.

C: In Ordnung.
Einhundert, zweihundert, dreihundert, vierhundert, fünfhundert und zwanzig, vierzig, fünfzig, sechzig und drei Euro.

A: Danke.

C: Und hier ist Ihre Quittung.

A: Danke. Haben Sie den aktuellen Kurs?

C: Ja, natürlich.

A: Danke. Auf Wiedersehen.

설명

- Entschuldigung, wo kann ich Geld wechseln/umtauschen?
  죄송합니다만, 어디에서 돈을 환전할 수 있습니까?

- An der Kasse da drüben.
  저쪽에 있는 창구(카운트)에서.
- Ich möchte US-Dollar/Englische Pfund in Euro/ dänische Kronen/ Schweizer Franken/ Japanische Yen wechseln/ umtauschen.
  저는 미국 달러/영국 파운드를 유로/덴마크 크로네/스위스 프랑/일본 엔으로 환전하고 싶습니다.

2. Ich möchte ein Konto eröffnen. (저는 계좌 하나를 개설하고 싶습니다.)

A: Guten Tag.
Was kann ich für Sie tun?
B: Ich möchte ein Konto eröffnen.
A: Ein Girokonto oder ein Sparkonto?
B: Ein Girokonto.
Wie hoch sind da die Gebühren?
A: Vier Euro im Monat.
B: Bekomme ich da auch eine EC-Karte?
A: Ja natürlich.
Sobald Sie auf Ihrem Konto regelmäßig Einzahlungen haben.
B: Gut.
A: Darf ich Sie dann um Ihren Reisepaß bitten?
Wie ist Ihr Name?
B: Ryu, Ah-rio.
A: Buchstabieren Sie bitte.
B: R-Y-U, A-H - R-I-O.
A: Und Ihre Adresse?
B: Ohmstraße achtzehn, achttausend München vierzig.
A: Ihre Telefonnummer?
B: Sieben zweiundachtzig, neununddreißig, einundneunzig.

A: Guten Tag. Kann ich Ihnen helfen?

B: Ich habe eine Frage. Ich möchte jeden Monat fünfhundert Euro anlegen.
Was würden Sie mir da empfehlen?

A: Ein Sparkonto. Das kostet nichts.
Sie können, wenn Sie wollen, auch jederzeit Geld abheben.

B: Und wie hoch sind die Zinsen?

A: Drei Prozent.

B: Gut. Ich überlege mir das noch einmal.
Vielen Dank für Ihre Information.

A: Gern geschehen.

설명

- Ich möchte ein Konto eröffnen.

  저는 계좌 하나를 개설하고 싶습니다.

- Ein Girokonto oder ein Sparkonto?

  지로계좌 아니면 저축계좌?

- Bekomme ich auch eine EU-Karte/ Eurocheckkarte/ Euroscheckkarte?

  유로(크래디트)카드를 가질 수 있습니까?

- Ich möchte Geld einzahlen.

  저는 돈을 입금하고 싶습니다.

  Ich möchte Geld abheben.

  저는 돈을 인출하고 싶습니다.

Vgl. Ich möchte jeden Monat fünfhundert Euro anlegen.

저는 매달 500유로를 지불(저축)하고 싶습니다.

Auf dem Postamt (우체국에서)

1. Wie muss dieser Brief frankiert werden?
(이 편지는 얼마짜리 우표를 붙여야만 합니까?)

A: Wie muss dieser Brief frankiert werden?
B: Das sind 30 Gramm, das macht 60 Cent.
A: Wann kommt der Brief in Berlin an?
B: Morgen, Sonnabend.
Aber er wird erst Montag ausgetragen.
A: Und wie ist es per Einschreiben?
B: Wenn Sie ihn per Einschreiben schicken, wird der Brief nur registriert.
Schicken Sie ihn doch per Eilboten.
Dann wird er sofort zugestellt.

설명

* **Brief, Briefmarke, Postkarte** (편지, 우표, 우편엽서)

- r Brief (편지)
- r Brief per(mit/als) Luftpost (항공우편)
- s Briefmarkenalbum (우표수집앨범)
- e Birefmarkensammlung (우표수집)
- r Briefmarkenschalter (우표 판매창구)
- e Postgebühr (우편료)
- s Briefpapier (편지지)
- r Briefpartner (펜팔 상대자)
- e Postleitzahl (우편번호)
- r Briefumschlag (편지봉투)
- s Postfach (우편사서함)
- e Briefmarke (우표)
- e Briefmarkenausstellung (우표전시회)
- r Briefmarkensammler (우표수집가)
- r Briefkasten (우체통)
- e Briefmarkenserie (우표 시리즈)
- e Postkarte (우편엽서)
- s Briefporte (우편 요금)
- r Briefträger (집배원)
- s Postamt (우체국)
- r Brief per Einschreiben (등기우편)/ Eilboten (빠른우편)

2. Ich möchte ein Paket aufgeben. (소포 하나를 탁송하고 싶습니다.)

A: Ich möchte ein Paket aufgeben.

B: Geht das ins Ausland?

A: Ja, nach Korea.

B: Da müssen Sie eine Zollinhaltserklärung ausfüllen.

A: Wo kriege ich die?

B: Die können Sie hier bekommen.

A: Und wo muss ich das Paket aufgeben?

B: Auch hier. Aber das Paket muss noch freigemacht werden.

설명

- Der Brief wird geschrieben/adressiert/frankiert/registriert/eingeworfen/ausgetragen/zugestellt.

  편지는 쓰여지고/주소가 쓰여지고/우표가 붙여지고/등기되고/(우체통에)넣어지고/배달되고/송달된다.

- Das Paket wird gebracht/geöffnet/aufgegeben/versandt/zurückgeschickt.

  소포는 운반되고/개봉되고/탁송되고/발송되고/송달되고/반송된다.

- Schicken Sie ihn doch per/mit Eilboten.

  그것을 빠른 우편(속달우편)으로 보내시지요.

3. Kann ich hier das Päckchen aufgeben?

(여기서 우편소포를 탁송할 수 있습니까?)

A: Kann ich hier das Päckchen aufgeben?

B: Wohin soll es denn gehen?

A: Nach Korea.

B: Mit Luftpost oder per Schiff?

A: Wieviel kostet das als Luftpost?

B: Moment, das sind 240 Gramm. Das macht 2,90 Euro Grundgebühr und je 5 Gramm 20 Cent, also 48 mal 20, das sind 9 Euro 60. Zusammen 12 Euro 50.

A: Das ist zu viel. Da ist ja nur ein Buch drin.

B: Dann schicken Sie's doch als Drucksache.

A: Wie hoch ist da das Porto?

B: 50 Cent Grundgebühr und je 20 Gramm 40 Cent.

A: Und geht das genauso schnell?

B: Ja. Die Sendung darf aber nicht verschlossen werden. Und auch keine Mitteilung enthalten.

A: Auch keinen Brief?

B: Nein, Briefe müssen getrennt aufgegeben werden.

A: Gut, dann will ich beides noch einmal adressieren.

설명

- Wohin soll es denn gehen?

  그것(소포)은 어디로 갑니까?

- **Nach** Korea/Seoul/Tokyo/New York.... Aber: **Ins Ausland**.

  한국/서울/도쿄/뉴욕... 으로. 그러나: 외국으로.

- Was kostet das als Luftpost/per Luftpost/mit Luftpost(per Schiff)?

  항공편(배편)으로 보내면 값이 얼마입니까?

- Dann schicken Sie's doch als Drucksache.

  그러면 당신은 그것을 인쇄물로서 보내십시오.

Grammatik

1. Passiv (수동형)

a) im Satz

Der Brief	wird		geschrieben.	
Und dann	wird	er lediglich	registriert.	
Wie	muss	dieser Brief	frankiert	werden?

Passiv: der Brief = Subjekt

b) Formen (형태)

Passiv = werden + Partizip II (수동형 = werden + 과거분사)

Der Brief wird geschrieben/ adressiert/ frankiert/ registriert/ eingeworfen ...

Passiv mit Modalverben(화법 조동사와 결합한 수동형):

Modalverb + · · · Partizip II + werden

2. Perfekt(현재완료형): haben oder sein + Partizip II

a) Perfekt mit haben und Partizipformen

(haben과 결합하는 현재완료형과 과거분사 형태)

Ich habe gemacht. Ich habe geschrieben.

1. mit Präfix ge-:	**ge___(e)t**	**mit Präfix ge-:**	**ge______en**
machen	**gemacht**	schlafen	**geschlafen**
wohnen	**gewohnt**	schreiben	**geschrieben**
arbeiten	**gearbeitet**	finden	**gefunden**
mieten	**gemietet**	trinken	**getrunken**
		schwimmen	**geschwommen**
		nehmen	**genommen**
		helfen	**geholfen**
		sprechen	**gesprochen**
		singen	**gesungen**
		treffen	**getroffen**

Ebenso:

spielen, holen, suchen, frühstücken, heiraten, kaufen, lernen, lieben, kochen, lachen, sagen, haben, meinen, fragen

Ebenso: essen, lesen, sehen, schreien

unregelmäßig	**ge _____t**	**unregelmäßig**	**ge_____en**
denken	**ge**dacht	stehen	**ge**standen
bringen	**ge**bracht		

mit Verbzusatz	**ge _____ t**	mit Verbzusatz	**ge_____en**
aufräumen	auf**ge**räum**t**	anfangen	an**ge**fang**en**
einkaufen	ein**ge**kauf**t**	fernsehen	fern**ge**seh**en**
		wehtun	weh**ge**ta**n**

2. ohne Präfix ge-:	**_____ t**	**ohne Präfix ge-:**	**_____en**
verteilen	verteil**t**	gefallen	gefall**en**
erleben	erleb**t**	bekommen	bekomm**en**
studieren	studier**t**	vergessen	vergess**en**
demonstrieren	demonstrier**t**		

b) Perfekt mit sein und Partizipformen
(sein 동사와 결합하는 현재완료형과 과거분사 형태)

Es ist passiert.		Ich bin gefallen.	
ohne Präfix ge-:	**_____ t**	**mit Präfix ge-:**	**ge _____ en**
passieren	passier**t**	fallen	**ge**fall**en**
		fahren	**ge**fahr**en**
		kommen	**ge**komm**en**
		werden	**ge**word**en**
		fliegen	**ge**flog**en**
		sein	**ge**wes**en**
		gehen	**ge**gang**en**
		sterben	**ge**storb**en**

Übungen

1. Ergänzen Sie.

(Auf der Bank)

○ Entschuldigen Sie, wo kann ich Geld ________ ?

□ ________ Kasse da drüben.

○ Danke.

Ich möchte US-Dollar ____ Euro wechseln.

□ Gern. Das sind fünfhundertdreiundsechzig Euro.

Unterschreiben Sie bitte hier unten.

○ Ach so. Geben Sie mir bitte fünf Hunderter und den Rest klein.

□ ____________________

Einhundert, zweihundert, dreihundert, vierhundert, fünfhundert und zwanzig, vierzig, fünfzig, sechzig und drei Euro.

○ Danke.

□ Und hier ist Ihre _______________

○ Danke. Haben Sie noch eine Umrechnungstabelle?

□ Ja, natürlich.

○ Danke. Auf Wiedersehen.

2. Ergänzen Sie die Dialoge mit Hilfe der angegebenen Wörter und Ausdrücke.

(Auf dem Postamt)

○ Wie muss dieser Brief ________ werden? (frankieren, freimachen)

● Das sind 30 Gramm, das macht 60 Cent.

○ Wann ________ der Brief in Berlin_____ ? (ankommen, austragen)

● Morgen, Sonnabend.

Aber er wird erst Montag ________ (zustellen, austragen)

○ Und wie ist es per Einschreiben?

● Wenn Sie ihn eingeschrieben ________ (senden, schicken)

wird der Brief ________ registriert.(auch, lediglich)

Schicken Sie ihn doch per ________ (Express, Eilboten)

Dann wird er sofort zugestellt.

◇ Ich möchte ein Paket aufgeben.

◆ Geht das _____ Ausland? (nach dem, ans, ins)

◇ Ja, nach Korea.

◆ Da müssen Sie eine(n) _____________ ausfüllen. (Zollschein, Paketkarte)

◇ Wo kriege ich _____ ? (den, die)

◆ _____ können Sie hier bekommen.(Den, Die)

◇ Und wo muss ich das Paket ______________ ? (aufgeben, abschicken)

◆ Auch hier. Aber das Paket muss noch ________ werden.(frankieren, freimachen)

3. Bitte antworten Sie.

a) Schreiben Sie den Brief?

Er wird sofort geschrieben.

b) Beantworten Sie das Schreiben?

____

c) Frankieren Sie den Brief?

____

d) Werfen Sie das Paket ein?

____

e) Geben Sie das Paket auf?

____

f) Bringen Sie den Brief zur Post?

____

4. Wiederholen Sie die Übung.

a) Der Brief wird geschrieben.

Der Brief muss geschrieben werden.

b) Der Brief wird adressiert.

____

c) Der Brief wird frankiert.

____

d) Der Brief wird eingeworfen.

____

e) Die Briefe werden registriert.

____

f) Die Briefe werden ausgetragen.

____

g) Die Briefe werden zugestellt.

____

5. Wiederholen Sie die Übung noch einmal. Beginnen Sie:

a) Haben Sie den Brief schon geschrieben?

Ich lasse ihn sofort schreiben.

b) Haben Sie das Schreiben schon beantwortet?

____

c) Haben Sie den Brief schon frankiert?

____

d) Haben Sie die Post schon eingeworfen?

____

e) Haben Sie das Paket schon aufgegeben?

____

f) Haben Sie den Brief schon zur Post gebracht?

____

Die Ritterburg Eltz

Wege zur Postbank

14.000 Filialen der Deutschen Post
In allen Filialen der Deutschen Post beraten wir Sie während der Öffnungszeiten gerne persönlich.

0180-3040500*
Unter dieser Rufnummer stehen wir Ihnen für weitere Informationen und für Ihre Produktwünsche gerne zur Verfügung – 7 x 24 Stunden.

0180-3040800*
Unter dieser Nummer können Sie uns Ihren Informationswunsch auch faxen.

T-Online: *Postbank#
Internet: http://www.postbank.de
E-Mail: direkt@postbank.de
Hier haben Sie den direkten Draht zur Postbank und zu Ihrem Postbank Girokonto. Für Online-Banking in T-Online und im Internet. Mit Infos zu den Postbank Angeboten, aktuellen Konditionen und den Ausgabe- und Rücknahmepreisen der Postbank Investmentfonds.

* 0,12 DM/40 Sekunden

100% chlorfrei gebleichter Zellstoff
923 617 000
Stand: Februar 2000

Postbank
Die Bank fürs Wesentliche.

GIRO

Für alle Postbank Girokunden:

Postbank Dauerauftrag

Vordruck
mit Ausfüllmuster

Postbank
Die Bank fürs Wesentliche.

Postbank Dauerauftrag

Postbank

Ich möchte einen Dauerauftrag

[X] einrichten. [ ] ändern. [ ] widerrufen/löschen.

MUSTER

Bankverbindung der Auftraggeberin/des Auftraggebers	Postbank Girokontonummer: 409190433
	Korrespondenznr.:
	lfd. Nr.:
	Hinweis: Die Korrespondenznummer bitte nur bei Änderung oder Widerruf eintragen. Laufende Nummern nur bei Sammelaufträgen.
Auftraggeber/in	Name/Vorname: KLUGE, HARALD
	Postleitzahl: 45678 Ort: ESSEN
Betrag	DM o. EUR*: DM 950,00 * Bitte immer ausfüllen!
Bankverbindung der Empfängerin/des Empfängers	Kontonummer: 123456789 Bankleitzahl: 90080070
	Name des Geldinstitutes: MUSTERBANKHAUS, BONN
Empfänger/in	Name, Vorname: VERMIETER, KARL
	Verwendungszweck: MIETE
Ausführungstermin	erstmalig: 01.09.1999 letztmalig (wenn gewünscht):
	[X] monatlich oder [ ] jeden ___ . Monat
	Besondere Wünsche:
	Datum: 23.08.1999
	Unterschrift: H. Kluge
Diese Angaben trägt die Postbank ein	erfaßt
	geprüft

0180 30 40 600

Postbank Dauerauftrag

Postbank

Ich möchte einen Dauerauftrag

[ ] einrichten. [ ] ändern. [X] widerrufen/löschen.

Bankverbindung der Auftraggeberin/des Auftraggebers	Postbank Girokontonummer:
	Korrespondenznr.:
	lfd. Nr.:
	Hinweis: Die Korrespondenznummer bitte nur bei Änderung oder Widerruf eintragen. Laufende Nummern nur bei Sammelaufträgen.
Auftraggeber/in	Name/Vorname:
	Postleitzahl: Ort:
Betrag	DM o. EUR*: * Bitte immer ausfüllen!
Bankverbindung der Empfängerin/des Empfängers	Kontonummer: Bankleitzahl:
	Name des Geldinstitutes:
Empfänger/in	Name, Vorname:
	Verwendungszweck:
Ausführungstermin	erstmalig: letztmalig (wenn gewünscht):
	[ ] monatlich oder [ ] jeden ___ . Monat
	Besondere Wünsche:
	Datum:
	Unterschrift:
Diese Angaben trägt die Postbank ein	erfaßt
	geprüft

Lektion 10

Auf dem Bahnhof und auf dem Flughafen (기차역과 공항에서)

Auf dem Bahnhof (기차역에서)

1. Am Informationsschalter (안내창구에서)

A: Ich möchte morgen nach Berlin fahren.
B: Wann ungefähr?
A: Ich muss um neunzehn Uhr da sein.
Welcher Zug ist am günstigsten?
B: Der ICE um vierzehn Uhr dreißig.
A: Und wann kommt der in Berlin an?
B: Achtzehn Uhr fünfzehn.
A: Muss ich umsteigen?
B: Nein, der ICE fährt durch.
A: Gut, dann nehme ich den. Um wieviel Uhr war das?
Vierzehn Uhr . . .
B: Ja. Abfahrt 14 Uhr 30, Ankunft 18 Uhr 15.
A: Danke.

※ **Abkürzungen** (기차명 약어)

ICE = InterCityExpress, **EC** = EuroCity, **IR** = InterRegio,
D = Schnellzug, **RE** = RegionalExpress, **RB** = RegionalBahn,
SE = StadtExpress, ● = S- Bahn, ● = U- Bahn

설명

- Ich möchte nach Berlin/München/Hamburg/Paris/London fahren(fliegen).
  저는 (기차/비행기를 타고) 베를린/뮌헨/함부르크/파리/런던으로 가고 싶습니다.
- Wann ungefähr? = Um wieviel Uhr? = Wann möchten Sie denn fahren?
  언제쯤(가시렵니까)? = 몇 시에? = 언제 가시기를 원하십니까?
- Abfahrt ⇔ Ankunft, abfahren ⇔ ankommen
  (기차/자동차) 출발 ⇔ 도착, 출발하다 ⇔ 도착하다
- Muss ich umsteigen?
  환승해야만 합니까?

2. Am Fahrkartenschalter (매표창구에서)

A: Eine Rückfahrkarte nach Frankfurt am Main, bitte.
B: Wann fahren Sie?
A: Heute hin, Samstag zurück.
B: Also Sparpreis. Sie fahren IC?
A: Ja, bitte. Brauche ich eine Platzkarte?
B: Die Züge sind sehr voll. Ferienanfang! Welchen Zug nehmen Sie?
A: Den um 8 Uhr 49.
B: Das ist jetzt zu spät für eine Reservierung!
A: Und die Züge sind sehr voll, sagen Sie?
B: Ja, besonders heute und morgen, da beginnen die Ferien.
A: Dann fahre ich erster Klasse.
Die ist bestimmt nicht so voll - oder?
B: Nicht so voll wie die zweite Klasse.
Also Rückfahrkarte erster Klasse. - 202 Euro, bitte.
A: Ist das auch der Sparpreis?
B: Ja, der ist reduziert.
A: Und wo fährt der IC um 8 Uhr 49 ab?
B: Gleis fünf. Aber der Zug hat zehn Minuten Verspätung.
Und hier sind Ihre Fahrkarten.
A: Danke schön.

설명

♠ Eine Rückfahrkart

= eine Fahrkarte, die zur Hin- und Rückfahrt berechtigt.

- Wann fährt der nächste Zug nach X ? — - Um . . . Uhr.

X로 가는 다음 기차는 언제 출발합니까?

- Muss ich reservieren?

예약을 해야만 합니까?

- Einfach/Hin und Zurück, bitte.

편도/왕복 차표, 부탁합니다.

- Eine Rückfahrkarte, bitte.

왕복표 한 장 부탁합니다.

- Erster/Zweiter Klasse, bitte.

일등 좌석/이등 좌석, 부탁합니다.

- Ist der Preis reduziert?

이 가격은 할인된 것입니까?

= Gibt es einen Sparpreis? — - Ja/ Nein, . . .

절약가격이 있습니까? — - Das kostet/macht . . . Euro

Bielefeld Hbf
→ **Frankfurt(Main)Hbf**

ab	Zug			Umsteigen	an
3.43	D	1948		Dortmund Hbf	4.46
4.51	SE	7403		Altenbeken KS-Wilhelmsh.	6.00 7.05
5.28	SE	3064		Hamm(Westf)	6.17
5.47	SE	8115		Minden(Westf) Hannover Hbf	6.22 7.12
6.38	IC	643	🍸	Hannover Hbf	7.34
6.49	EC	103	✕	Köln Hbf	8.50
7.47	ICE	641	✕	Hannover Hbf	8.37
7.52	EC	9	✕	Hamm(Westf)	8.17
8.45	IR	2447	Ⓡ	Hannover Hbf	9.43
8.49	IC	548	✕	Köln Hbf	10.50
9.10	IC	545	✕	Hannover Hbf	10.00

Auf dem Flughafen (공항에서)

1. Telefonische Reservierung (전화 예약)

A: Lufthansa. Guten Tag.
B: Müller. Guten Tag.
Geht morgen früh eine Maschine von München nach Berlin?
A: Ja sicher. Da gibt es drei. Eine um 6 Uhr 15, eine um 9 Uhr und eine um 10 Uhr 20.
B: Dann nehme ich die um 9.
A: Hin- und Rückflug?
B: Ja, Hin- und Rückflug.

A: Wann wollen Sie zurückfliegen?
B: Das weiß ich noch nicht.
A: Also open. Wie war Ihr Name?
B: Müller, Dr. Gert Müller.
A: Und Ihre Telefonnummer?
B: 8 29 74 72.
A: Gut, Ihr Ticket liegt am Schalter 7 für Sie bereit.
B: Vielen Dank.
A: Bitte. Wiederhören.

설명

- Geht morgen früh eine Maschine/ein Flugzeug von X nach Y?

  내일 아침에 X에서 Y까지 가는 비행기가 있습니까?

- Ja sicher.

  예 확실합니다.

  Nein, morgen geht keine Maschine von X nach Y.

  아닙니다, 내일은 X에서 Y으로 가는 비행기가 없습니다.

- Wann wollen Sie zurückfliegen?

  언제 (비행기로) 돌아오시려고 합니까?

- Am 22. Februar.

  2월 22일에.

- Das weiß ich noch nicht.

  아직도 알 수 없습니다.

- Ihr Ticket liegt am Schalter 7 für Sie bereit.

  당신의 티켓은 7번 창구에 당신을 위해 준비되어 있습니다.

2. Am Schalter einer Fluggesellschaft (항공사 창구에서)

A: Guten Tag.
B: Guten Tag.
A: Wann geht die nächste Maschine nach Paris?
B: Um 16 Uhr. Die ist aber leider schon ausgebucht.
A: Und die nächste?
B: Um 20 Uhr 15.
A: Ist da noch ein Platz frei?
B: Tourist, Business oder First Class?
A: Business.
B: Ja, da ist noch was frei.
A: Gut. Dann reservieren Sie bitte für mich.
B: Gern. Wie ist Ihr Name?
A: Kim, Chi-min Kim. Sie nehmen doch Kreditkarten?
B: Ja natürlich. Danke.
Dann brauche ich hier noch eine Unterschrift.
A: Bitte.
B: Danke. Und hier ist Ihr Ticket. Angenehmen Flug.
A: Danke. Auf Wiedersehen.

3. Telefonische Umbuchung (전화 예약변경)

A: Lufthansa. Guten Tag.

B: Guten Tag. Mein Name ist Kim.
Ich habe eine Reservierung für die Maschine nach Paris morgen um 13 Uhr. Die würde ich gern umbuchen.

A: Einen Moment. Chi-min Kim. Ja.
Wann möchten Sie denn fliegen?

B: Nächste Woche um die gleiche Zeit. Geht das?

A: Sehen wir mal. Ja, das geht.

B: Sehr schön.
Würden Sie mir dann bitte für diesen Flug einen Platz reservieren?

A: In Ordnung. Ihr Ticket bekommen Sie dann am Schalter 9.
Seien Sie bitte zwei Stunden vor dem Abflug da.

B: Ja, danke. Auf Wiedersehen.

A: Auf Wiedersehen.

설명

- Ich möchte umbuchen.
  저는 예약을 변경하고 싶습니다.
- Reservieren Sie bitte einen Platz um 9 Uhr für mich.
  9시 행(비행기에) 한 좌석을 저를 위해 예약해 주세요.
- In Ordnung. Tourist(Economic), Business oder First Class? (Hin- und Rückflug?)
  좋습니다. 여행객(이코노믹), 비즈니스 혹은 일등석? (왕복비행?)

Grammatik

1. Verben und Ergänzungen im Satz: Direktiv-/ Situativergänzungen
(문장에서 동사와 보족어: 방향보족어/ 공간보족어)

woher? **aus** Frankreich kommen

Woher kommen Sie?

Ich komme **aus** Frankreich.

wohin? fahren/ gehen/ fliegen

von . . . nach

nach + Dativ

in/ an/ auf/ durch + Akkusativ fahren/ gehen/ fliegen

Wohin	fahren	Sie morgen?
Ich	fahre	morgen nach Köln.
Ich	fliege	von Paris nach Köln.
Ich	gehe	in den Schwarzwald.
Ich	fahre	an die Ostsee.
Ich	gehe	auf die Zugspitze.
Ich	fahre	durch die Schweiz.

Aber: wo? wohnen/ leben/ arbeiten/ studieren/ liegen

Ich wohne **in Köln**. (Situativergänzung)

Ich fahre **nach Köln**. (Direktivergänzung)

2. Verben mit Vokalwechsel (어간의 모음이 변하는 동사: 강변화 동사)

Sg.	**Perso./pron.**	fahren	anfangen	lassen	wissen
	ich	fahre	fange...an	lasse	weiß
	du	**fährst**	**fängst...an**	**lässt**	**weißt**
	er/sie/es	**fährt**	**fängt...an**	**lässt**	**weiß**
Pl.	**wir**	fahren	fangen...an	lassen	wissen
	ihr	fahrt	fangt...an	lasst	wisst
	sie	fahren	fangen...an	lassen	wissen
Sg./Pl.	**Sie**	fahren	fangen...an	lassen	wissen

3. Welchen, welche, welches

Akkusativ (4격)

Welch*en* Zug nimmst du?

D*en* um 8.13.

Welch*e* Maschine nimmst du?

D*ie* um 10.05.

Welch*es* Flugzeug nimmst du?

D*as* um 10.05.

Welch*e* Zimmer(Pl.) empfehlen Sie?

D*ie* im Hotel Mozart.

Frankfurt(M)Flughafen → Kassel Hbf

Ab	Zug	Umsteigen	An	Ab	Zug	An	Verkehrstage
12.03	S 9	Frankf Hbf (tief) Frankfurt(M)Hbf KS-Wilhelmsh.	12.13 14.23	 12.22 14.34	 IR 2572 RB 14318	14.38	15
12.03	S 9	Frankfurt(M)Hbf KS-Wilhelmsh.	12.14 14.23	12.22 14.34	IR 2572 RB 14318	14.38	14
12.03	S 9	Frankfurt(M)Hbf KS-Wilhelmsh.	12.14 14.23	12.21 14.34	IR 2572 RB 14318	14.38	10
12.03	S 9	Frankf Hbf (tief) Frankfurt(M)Hbf KS-Wilhelmsh.	12.13 14.23	 12.21 14.34	 IR 2572 RB 14318	14.38	02
12.42	ICE 576	KS-Wilhelmsh.	14.20	14.34	RB 14318	14.38	täglich 05
13.03	S 9	Frankfurt(M)Hbf	13.14	13.21	IRE14176	15.35	10
13.03	S 9	Frankf Hbf (tief) Frankfurt(M)Hbf	13.13 	 13.21	 IRE14176	15.35	02
13.33	S 9	Frankfurt(M)Hbf KS-Wilhelmsh.	13.44 15.20	13.58 15.29	ICE 72 IRE14176	15.35	10
13.33	S 9	Frankf Hbf (tief) Frankfurt(M)Hbf KS-Wilhelmsh.	13.43 15.20	 13.58 15.29	 ICE 72 IRE14178	15.35	16
13.36	RB 15521	Frankfurt(M)Hbf KS-Wilhelmsh.	13.48 15.20	13.58 15.29	ICE 72 IRE14178	15.35	11
13.36	RB 15521	Frankfurt(M)Hbf KS-Wilhelmsh.	13.48 15.20	13.58 15.34	ICE 72 RB 14320	15.38	Mo - Fr 12
13.48	S 8	Frankf Hbf (tief) Frankfurt(M)Hbf KS-Wilhelmsh.	13.58 15.40	 14.15 15.51	 ICE 796 RE 14018	15.55	täglich 09
14.03	S 9	Frankf Hbf (tief) Frankfurt(M)Hbf KS-Wilhelmsh.	14.13 16.23	 14.22 16.34	 IR 2570 RB 14322	16.38	15
14.03	S 9	Frankfurt(M)Hbf KS-Wilhelmsh.	14.14 16.23	14.22 16.34	IR 2570 RB 14322	16.38	14
14.03	S 9	Frankfurt(M)Hbf KS-Wilhelmsh.	14.14 16.23	14.21 16.34	IR 2570 RB 14322	16.38	10
14.03	S 9	Frankf Hbf (tief) Frankfurt(M)Hbf KS-Wilhelmsh.	14.13 16.23	 14.21 16.34	 IR 2570 RB 14322	16.38	02
14.42	ICE 576	KS-Wilhelmsh.	16.20	16.34	RB 14322	16.38	täglich 05
15.03	S 9	Frankfurt(M)Hbf	15.14	15.21	IRE14180	17.35	10
15.03	S 9	Frankf Hbf (tief) Frankfurt(M)Hbf	15.13 	 15.21	 IRE14180	17.35	02
15.33	S 9	Frankfurt(M)Hbf KS-Wilhelmsh.	15.44 17.20	15.58 17.29	ICE 70 IRE14180	17.35	17
15.36	RB 15527	Frankfurt(M)Hbf KS-Wilhelmsh.	15.48 17.20	15.58 17.29	ICE 70 IRE14180	17.35	11
15.36	RB 15527	Frankfurt(M)Hbf KS-Wilhelmsh.	15.48 17.20	15.58 17.34	ICE 70 RB 14324	17.38	Mo - Fr 12
15.36	RB 15527	Frankfurt(M)Hbf Fulda KS-Wilhelmsh.	15.48 17.06 17.58	16.02 17.24 18.08	IR 2006 IC 1080 RB 14524	18.13	13
15.48	S 8	Frankf Hbf (tief) Frankfurt(M)Hbf KS-Wilhelmsh.	15.58 17.40	 16.15 17.51	 ICE 794 RE 14022	17.55	täglich 09
16.03	S 9	Frankfurt(M)Hbf KS-Wilhelmsh.	16.14 18.23	16.22 18.34	IR 2478 RB 14326	18.38	18
16.03	S 9	Frankf Hbf (tief) Frankfurt(M)Hbf KS-Wilhelmsh.	16.13 18.23	 16.22 18.34	 IR 2478 RB 14326	18.38	19
16.03	S 9	Frankfurt(M)Hbf KS-Wilhelmsh.	16.14 18.23	16.21 18.34	IR 2478 RB 14326	18.38	17
16.03	S 9	Frankf Hbf (tief) Frankfurt(M)Hbf KS-Wilhelmsh.	16.13 18.23	 16.21 18.34	 IR 2478 RB 14326	18.38	11
16.42	ICE 574	KS-Wilhelmsh.	18.20	18.34	RB 14326	18.38	täglich 05

Frankfurt(M)Flughafen → Kassel Hbf

Ab	Zug	Umsteigen	An	Ab	Zug	An	Verkehrstage
17.03	S 9	Frankf Hbf (tief) Frankfurt(M)Hbf	17.13 	 17.21	 IRE14182	19.35	11
17.03	S 9	Frankfurt(M)Hbf	17.14	17.21	IRE14182	19.35	17
17.33	S 9	Frankfurt(M)Hbf KS-Wilhelmsh.	17.44 19.25	17.58 19.35	ICE 774 RB 14459	19.39	So 20
17.40	S 8	Frankfurt(M)Hbf KS-Wilhelmsh.	17.51 19.25	17.58 19.34	ICE 774 RB 14328	19.38	Mo - Fr 12
17.48	S 8	Frankf Hbf (tief) Frankfurt(M)Hbf KS-Wilhelmsh.	17.58 19.40	 18.15 19.51	 ICE 792 RE 14026	19.55	täglich 09
18.03	S 9	Frankfurt(M)Hbf KS-Wilhelmsh.	18.14 20.23	18.22 20.34	IR 2476 RB 14330	20.38	18
18.03	S 9	Frankf Hbf (tief) Frankfurt(M)Hbf KS-Wilhelmsh.	18.13 20.23	 18.22 20.34	 IR 2476 RB 14330	20.38	19
18.03	S 9	Frankfurt(M)Hbf KS-Wilhelmsh.	18.14 20.23	18.21 20.34	IR 2476 RB 14330	20.38	17
18.03	S 9	Frankf Hbf (tief) Frankfurt(M)Hbf KS-Wilhelmsh.	18.13 20.23	 18.21 20.34	 IR 2476 RB 14330	20.38	11
18.42	ICE 572	KS-Wilhelmsh.	20.20	20.34	RB 14330	20.38	täglich 05
19.03	S 9	Frankfurt(M)Hbf	19.14	19.21	IRE14184	21.35	17
19.03	S 9	Frankf Hbf (tief) Frankfurt(M)Hbf	19.13 	 19.21	 IRE14184	21.35	11
19.48	S 8	Frankf Hbf (tief) Frankfurt(M)Hbf KS-Wilhelmsh.	19.58 21.40	 20.15 21.51	 ICE 790 RE 14032	21.55	täglich 09
20.03	S 9	Frankfurt(M)Hbf	20.14	20.22	IR 2474	22.30	21
20.03	S 9	Frankf Hbf (tief) Frankfurt(M)Hbf	20.13 	 20.22	 IR 2474	22.30	19
20.03	S 9	Frankfurt(M)Hbf	20.14	20.21	IR 2474	22.30	So 22
20.03	S 9	Frankf Hbf (tief) Frankfurt(M)Hbf	20.13 	 20.21	 IR 2474	22.30	11
20.48	S 8	Frankf Hbf (tief) Frankfurt(M)Hbf KS-Wilhelmsh.	20.58 22.41	 21.15 22.50	 ICE 996 RB 14490	22.54	Mo - Fr 23
20.48	S 8	Frankf Hbf (tief) Frankfurt(M)Hbf KS-Wilhelmsh.	20.58 22.43	 21.15 22.50	 ICE 998 RB 14490	22.54	So 24
21.03	S 9	Frankfurt(M)Hbf	21.14	21.21	IRE14186	23.36	25
22.03	S 9	Frankfurt(M)Hbf	22.14	22.22	IR 2472	0.30	26
22.03	S 9	Frankfurt(M)Hbf	22.14	22.21	IR 2472	0.30	27

01 = ab Frankfurt(M)Flughafen Regionalbf; nicht 24., 31. Dez, 1. Apr, 20. Mai; auch 27. Dez, 2. Jan, 2. Apr, 21. Mai

02 = ab Frankfurt(M)Flughafen Regionalbf, 11. Jun bis 15. Dez 2001 Mo - Sa; nicht 14. Jun 2001, 3. Okt

03 = ab Frankfurt(M)Flughafen Regionalbf; auch 14. Jun 2001, 3. Okt, 25., 26. Dez, 1. Jan, 29. Mär, 1. Apr, 1., 9., 20., 30. Mai

04 = ab Frankfurt(M)Flughafen Regionalbf; nicht 14. Jun 2001, 3. Okt, 25., 26. Dez, 1. Jan, 29. Mär, 1. Apr, 1., 9., 20., 30. Mai

05 = ab Frankfurt(M)Flughafen Fernbf

06 = ab Frankfurt(M)Flughafen Fernbf; nicht 25., 26. Dez, 1. Jan, 30. Mär, 1. Apr, 20. Mai

07 = ab Frankfurt(M)Flughafen Fernbf; nicht 31. Mär; auch 25., 26. Dez, 1. Jan, 30. Mär, 1. Apr, 20. Mai

08 = ab Frankfurt(M)Flughafen Regionalbf; nicht 25., 26. Dez, 1. Jan, 30. Mär, 1. Apr, 20. Mai

09 = ab Frankfurt(M)Flughafen Regionalbf

10 = ab Frankfurt(M)Flughafen Regionalbf; 10. Jun bis 9. Dez 2001 So; auch 14. Jun 2001, 3. Okt

11 = ab Frankfurt(M)Flughafen Regionalbf; 11. Jun bis 14. Dez 2001 Mo - Fr; nicht 14. Jun 2001, 3. Okt

12 = ab Frankfurt(M)Flughafen Regionalbf; nicht 14. Jun 2001, 3. Okt, 24. bis 26. Dez, 31. Dez, 1. Jan, 29. Mär, 1. Apr, 1., 9., 20., 30. Mai

13 = ab Frankfurt(M)Flughafen Fernbf; nicht 14. Jun 2001, 3. Okt, 25., 26. Dez, 1. Jan, 29. Mär bis 1. Apr, 1., 9., 20., 30. Mai

14 = ab Frankfurt(M)Flughafen Regionalbf; 16. Dez bis 9. Jun So; auch 25., 26. Dez, 1. Jan, 29. Mär, 1. Apr, 1., 9., 20., 30. Mai

15 = ab Frankfurt(M)Flughafen Regionalbf; 17. Dez bis 15. Jun 2002 Mo - Sa; nicht 25., 26. Dez, 1. Jan, 29. Mär, 1. Apr, 1., 9., 20., 30. Mai

16 = ab Frankfurt(M)Flughafen Regionalbf; 16. Jun bis 15. Dez Sa

17 = ab Frankfurt(M)Flughafen Regionalbf; 10. Jun bis 15. Dez 2001 Sa, So; auch 14. Jun 2001, 3. Okt

Fortsetzung nächste Seite

Übungen

1. Ergänzen Sie.

(Am Informationsschalter)

○ Ich möchte morgen _____ Berlin fahren.

□ ______________ ?

○ Ich muss ______ neunzehn Uhr da sein.

Welch ___ Zug ist am günstigsten?

□ Der ICE um vierzehn Uhr dreißig.

○ Und wann _______ der in Berlin ___ ?

□ Achtzehn Uhr fünfzehn.

○ Muss ich ________ ?

□ Nein, der ICE _______________

○ Gut, dann nehme ich ______ . Um wieviel Uhr war das?

Vierzehn Uhr . . .

□ Ja. __________ 14 Uhr 30, ___________ 18 Uhr 15.

○ Danke.

2. Ergänzen Sie.

(Telefonische Reservierung)

□ Lufthansa. Guten Tag.

■ Müller. Guten Tag.

Geht morgen früh _____________ von München nach Berlin?

□ Ja sicher. Da gibt es drei. _____ um 6 Uhr 15, ____ um 9 Uhr und _____ um 10 Uhr 20.

■ Dann nehme ich ____ um 9.

□ Hin- und ________ ?

■ Ja, Hin- und Rückflug.

□ Wann wollen Sie _________ ?

■ Das weiß ich noch nicht.

□ Also open. Wie war Ihr Name?

■ Müller, Dr. Gert Müller.

□ Und Ihre Telefonnummer?

■ 8 29 74 72.

□ Gut, Ihr Ticket liegt _____ Schalter 7 _____ Sie bereit.

■ Vielen Dank.

□ Bitte. Wiederhören.

3. Welche Antwort passt?

a) Wann ungefähr?

ⓐ Am Abend, nicht zu spät.

ⓑ Um 16.23 Uhr.

ⓒ Dienstag nicht.

b) Welche Maschine ist am günstigsten?

ⓐ Das Auto ist besser.

ⓑ Die um 15.30 Uhr.

ⓒ Nimm doch den Zug um 15.30 Uhr.

c) Wie lange dauert die Fahrt?

ⓐ Zwei Uhr.

ⓑ Um zwei Uhr.

ⓒ Zwei Stunden.

d) Wo fährt der Zug ab?

ⓐ Nach Hamburg.

ⓑ Von Hamburg nach Kiel.

ⓒ Gleis sieben.

e) Wohin fahren Sie?

ⓐ Ich nehme den Zug.

ⓑ Nach Rom.

ⓒ Gleis neun.

f) Muss ich umsteigen?

ⓐ Ja, von Münster nach Bremen.

ⓑ Ja, in Wien.

ⓒ Ja, der Zug hat Verspätung.

g) Welche Maschine nimmst du?

ⓐ Die um 17.00 Uhr.

ⓑ Das Flugzeug.

ⓒ Die Maschine fliegt um 17.00 Uhr.

h) Hat der Zug Verspätung?

ⓐ Ja, aber nicht viel.

ⓑ Ja, um 16,00 Uhr.

ⓒ Ja, er kommt spät.

4. Ergänzen Sie.

a) Welch*er* Zug fährt nach Berlin? *Der* um 18.20 Uhr.

b) Welch___ Flugzeug nehmt ihr? ___ um 10.45 Uhr.

c) Welch___ S-Bahn fährt nach Erding? ___ Linie 6.

d) Welch___ Flug empfehlen Sie? ___ um 6.30 Uhr.

e) Welch___ Maschine hat Verspätung? ___ aus Paris.

5. Was können Sie auch sagen?

a) Wie weit ist es von Kiel nach Bonn?

ⓐ Wieviel Kilometer sind es von Kiel nach Bonn?

ⓑ Wie kommt man von Kiel nach Bonn?

ⓒ Ist es von Kiel nach Bonn weit?

b) Wie lange dauert der Flug nach Berlin?

ⓐ Wie lange dauert der Flug nach Berlin denn noch?

ⓑ Dauert die Fahrt nach Berlin lange?

ⓒ Wie lange fliegt man nach Berlin?

c) Der Zug kommt um 13.00 Uhr in Hamburg an.

ⓐ Der Zug fährt um 13.00 Uhr nach Hamburg.

ⓑ Der Zug ist um 13.00 Uhr in Hamburg.

ⓒ Der Zug kommt um 13.00 Uhr aus Hamburg.

d) Wo fährt der Zug nach Bern ab?

ⓐ Der Zug nach Bern. Welches Gleis bitte?

ⓑ Wann fährt der Zug nach Bern bitte?

ⓒ Wo ist das Gleis in Bern bitte?

Lektion 11

Erkundigung auf der Straße

(거리에서 길 묻기)

1. Entschuldigen Sie, bitte, wie komme ich zum Marktplatz?
(죄송합니다만, 마르크트 광장엔 어떻게 갑니까?)

A: Entschuldigen Sie, bitte, wie komme ich zum Marktplatz?

B: Zum Marktplatz?
Ich kenne Stuttgart nicht gut. Ich nehme immer den Bus. Der hält dahinten.
Aber warten Sie mal. Sehen Sie dahinten den Fernsehturm? Fahren Sie in diese Richtung, dann kommen Sie zum Hauptbahnhof.
Fragen Sie da nochmal.

A: Entschuldigung! Zum Marktplatz, bitte!

C: Tut mir Leid, den kenne ich nicht. Ich bin auch fremd hier.

A: Entschuldigen Sie, wie kommt man zum Marktplatz?

D: Der ist dahinten. Nehmen Sie die Straßenbahn. Die fährt zum Hauptpostamt.
Von da ist der Marktplatz nicht mehr weit.

E: Wohin möchten Sie? Zum Marktplatz?
Das ist ganz einfach.
Sie fahren immer geradeaus. Dann nach links zum Schlossplatz. Dort fahren Sie nach rechts. Da ist eine Kirche, und von dort sieht man das Rathaus und den Marktplatz.

A: Sie kennen die Stadt aber gut. Woher kommen Sie?

E: Aus der Türkei.

A: Aha! Vielen Dank auch!

설명

- Entschuldigung, wie komme ich/kommt man zum Marktplatz?

  죄송합니다만, 마르크트 광장은 어떻게 갑니까?

- Tut mir Leid, den kenne ich nicht.

  유감스럽습니다만, 그 광장을 저는 잘 알지 못합니다.

- Ich bin fremd hier. = Ich bin nicht von hier.

  저는 이곳을 잘 모릅니다. = 저는 이곳 출신이 아닙니다.

- Wohin möchten Sie? Zum Marktplatz?

  어디로 가시길 원합니까? 마르크트 광장으로?

- Sie fahren immer geradeaus. Dann nach links zum Schlossplatz. Dort fahren Sie nach rechts.

  계속 똑바로 운전해 가세요. 그리고 왼쪽으로 가시면 슐로스 광장이 나옵니다. 그곳에서 오른쪽으로 가세요.

Vgl. **Wohin** möchten Sie fahren/gehen?

- Zum Marktplatz.

Wo hält der Bus?

- Der Bus hält am Schlossplatz.

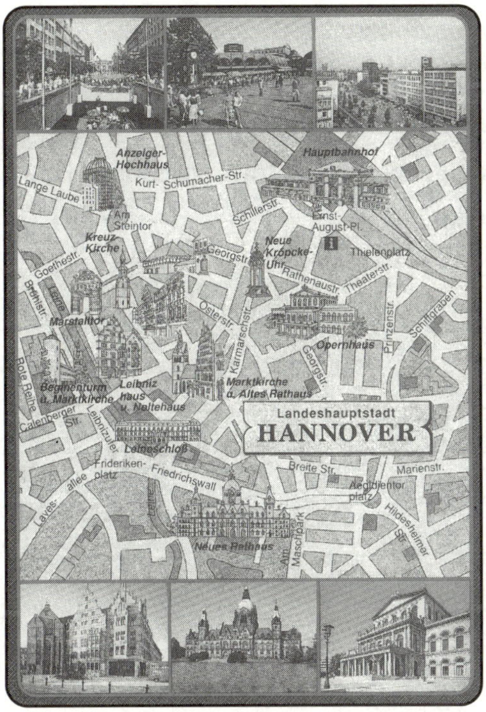

2. Wie komme ich denn zum Englischen Garten?
(영국공원은 어떻게 갑니까?)

A: Entschuldigen Sie.

B: Ja?

A: Sind Sie von hier?

B: Ja.

A: Wie komme ich denn zum Englischen Garten?

B: Das ist ganz einfach. Ich zeige es Ihnen auf dem Stadtplan. Wir sind jetzt hier. Sie gehen diese Straße entlang, dann rechts in den Hofgarten, durch die Unterführung, und dann sind Sie schon da.

A: Ist das noch weit?

B: Nein, vielleicht zehn, fünfzehn Minuten.

A: Das geht ja. Vielen Dank für Ihre Hilfe.

B: Gern geschehen.

설명

- Wie komme ich zum Englischen Garten?

  어떻게 하면 영국공원으로 가지요?

- Ich zeige es Ihnen **auf dem** Stadtplan.

  Wir sind hier. Sie **gehen** diese Straße **entlang**, dann rechts **in den** Hofgarten, **durch die** Unterführung.

  이 시(市) 지도에서 그것을 당신에게 가리켜 드리겠습니다. 우리는 지금 여기에 있습니다. 당신은 이 길을 따라 가십시오, 그러면 오른쪽으로 호프가르텐으로 들어갑니다, 지하도를 통과하여.

3. Entschuldigen Sie bitte, wo ist das Thalia-Theater?
(죄송합니다만, 탈리아 극장은 어디에 있습니까?)

A: Entschuldigen Sie bitte, wo ist das Thalia-Theater?

B: Das Thalia-Theater, das ist am Alstertor.
Sie gehen hier die Mönckebergstraße immer geradeaus, an der St. Petrikirche vorbei bis an die Kreuzung Gerhart-Hauptmann-Platz. Dort dann links. Nach ungefähr 300 m ist rechts das Thalia-Theater.

설명

- Wo ist das Thalia-Theater?

  이탈리아 극장이 어디에 있습니까?

- Sie **gehen/fahren** hier die Mönckebergstraße **immer geradeaus**, **an der** St. Petrikirche **vorbei bis an die** Kreuzung G. Platz. Dort dann links.

  여기 이 뫼케베르크 가(街)를 똑바로 가십시오, 성 페트릭 교회를 지나쳐서, G. 광장 사거리까지 가십시오. 그리고 그곳에서 왼쪽으로 가십시오.

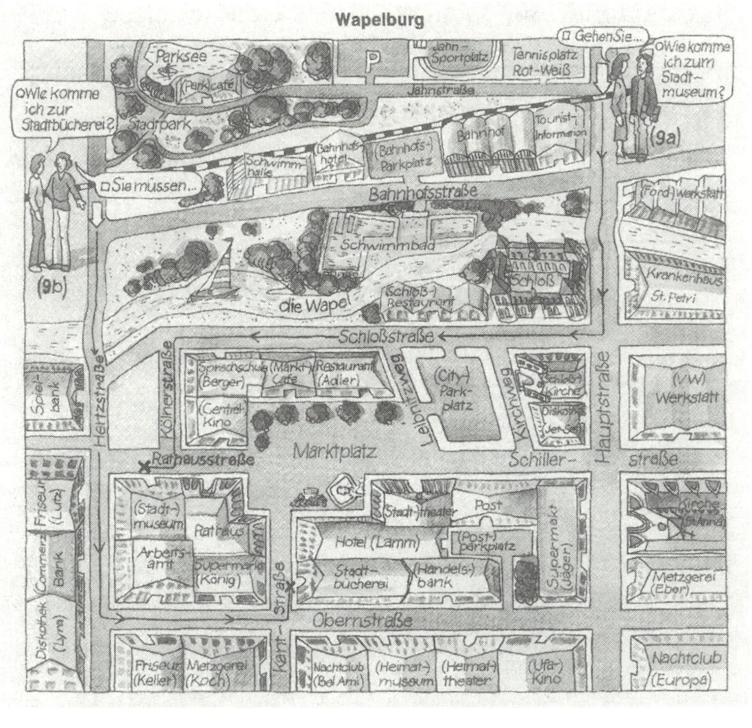

4. Nehmen Sie die S1 oder die S2 (1호선 전철이나 2호선 전철을 타십시오.)

A: Entschuldigung, wie komme ich zum Rathaus?

B: Nehmen Sie die S1 oder die S2 bis zu den Landungsbrücken. Steigen Sie dann in die U3 Richtung Merkenstraße um, und fahren Sie bis zum Rathaus.
Das ist die dritte Station.

설명

* Nehmen Sie die S1 oder die S2 bis zu den Landungsbrücken.
  란둥스브뤼켄까지 1호선 전철이나 2호선 전철을 타고 가십시오.
- Ich **nehme den** Bus/**den** Zug/**das** Taxi/**die** Straßenbahn/**die** S1/**die** U3.
  Aber: Ich **fahre mit dem** Bus/Zug/Taxi(**mit der** S-Bahn/U-Bahn/Straßenbahn).

* Ich nehme immer **den Bus**. **Der** hält dahinten.
- Entschuldigung. Zum **Marktplatz**, bitte? Tut mir Leid, **den** kenne ich nicht.
- Wo ist denn **die Mensa**? Tut mir Leid, **die** kenne ich nicht.
- Wo ist **das Stadtmuseum**? Tut mir Leid, **das** kenne ich nicht.

Grammatik

1. Definiter Artikel und Definitpronomen (정관사와 지시대명사)

Maskulinum	***Der*** Bus	fährt		zum Marktplatz.	
		Hält	***der***	dahinten?	
	Wo	ist	***der***	Marktplatz?	
	Tut mir Leid,		***den***		kenne ich nicht.
Femininum	***Die*** Straßenbahn		fährt		zum Marktplatz.
		Hält	***die***	dahinten?	
	Wo	ist	***die***	Stadtbücherei?	
	Tut mir Leid,			**die**	kenne ich nicht.
Neutrum	***Das*** Taxi	fährt		zum Marktplatz.	
		Hält	***das***	dahinten?	
	Wo	ist	***das***	Rathaus?	
	Tut mir Leid,			***das***	kenne ich nicht.
Plural	Alle Straßenbahnen			fahren	zum Marktplatz.
		Halten	***die***	dahinten?	
			Die	Bungalows	in der Zeitung,
		sind	***die***	noch frei?	

2. Direktivergänzung (방향보족어)

a) Präposition mit Akkusativ (4격 전치사)

Wohin	gehen	Sie	morgen?	
	Ich	gehe	morgen ***ins*** Rathaus.	Präp. mit Akkusativ

b) Präposition mit Dativ (3격 전치사)

Wohin	gehen	Sie	denn?	
	Ich	gehe	***zum*** Bahnhof.	Präp. mit Dativ

3. Übersicht: Präpositionen nur mit Akkusativ oder nur mit Dativ

(4격만 지배하는 전치사 혹은 3격만 지배하는 전치사)

durch	+	Akkusativ:	wie?	Wir fahren	durch	die Stadt.
aus	+	Dativ:	woher?	Ich komme	aus	dem Rathaus.
von	+	Dativ:	woher?	Ich komme	vom	Bahnhof.
				Ich gehe	vom	Rathaus.
zu	+	Dativ:	wohin?	Ich gehe	zum	Rathaus.
mit	+	Dativ:	womit?	Ich fahre	mit	dem Bus.

4. Übersicht: Wechselpräpositionen (Präpositionen mit Akkusativ oder Dativ)

(3격 혹은 4격을 지배하는 전치사: 3 · 4격지배 전치사)

an auf hinter in neben über unter vor zwischen

***wohin*?**	**- Akkusativ**	***wo*?**	**- *Dativ***
Wir gehen	***ins*** Rathaus.	wir stehen	***im*** Rathaus.
	an den Fluss.		***am*** Fluss.
	auf den Turm.		***auf dem*** Turm.
	unter die Brücke.		***unter der*** Brücke.

Übungen

1. Entschuldigen Sie, bitte, ...? Schreiben Sie.

a) Fernsehturm(Rathaus)

Entschuldigen Sie, bitte, wie komme ich zum Fernsehturm?

Fahren Sie zum Rathaus. Von da ist der Fernsehturm nicht mehr weit.

b) Marktplatz (Hauptbahnhof)

c) Hauptbahnhof (Hauptpostamt)

d) Schlossplatz (Fernsehturm)

2. Entschuldigung, wo ist ...? Schreiben Sie.

a) der Marktplatz (der Hauptbahnhof, nach rechts)

Entschuldigung, wo ist der Marktplatz?

Sehen Sie den Hauptbahnhof? Dort fahren Sie nach rechts.

Dann kommen Sie zum Marktplatz.

b) der Schlossplatz (der Fernsehturm, nach links)

c) der Hauptbahnhof (der Supermarkt, immer geradeaus)

3. Bitte, wie kommt man zu ...? Schreiben Sie.

a) Schlossplatz, Bus

Bitte, wie kommt man zum Schlossplatz?

Das ist ganz einfach. Nehmen Sie den Bus, der fährt zum Schlossplatz.

b) Bahnhof, Straßenbahn

____

____

c) Fernsehturm, Bus

____

____

d) Marktplatz, Straßenbahn

____

____

4. Wie komme ich zum Stadtmuseum? Ergänzen Sie.

a)

○ Wie komme ich *zum* Stadtmuseum?

□ Gehen Sie hier die Hauptstraße geradeaus über die Wapel bis ____ Schloss.
Dort ____ Schloss rechts, dann immer geradeaus, an ____ Parkplatz vorbei bis____ Kreuzung Könner-Straße. Dort an ____ Sprachschule links.
Dann die Könner-Straße geradeaus bis ____ Rathausstraße. Dort rechts.
Das Stadtmuseum ist neben ____ Rathaus.

b)

○ Wie komme ich ____ Stadtbücherei?

□ Sie müssen hier die Hertzstraße entlang gehen, über die Wapel, an ____ Spielbank und an ____ Commerzbank vorbei, bis Sie zu ____ Diskothek kommen. Dort an ______ Diskothek gehen Sie links in ____ Obernstraße bis *z*____ Supermarkt König. Hinter _____ Supermarkt müssen Sie links. Rechts sehen Sie an, dann schon die Stadtbücherei.

5. Wie komme ich zum/ nach ...? Schreiben Sie.

a) Hauptbahnhof, U-Bahn

○ *Wie komme ich zum Hauptbahnhof?*

□ *Am besten mit der U-Bahn.*

b) Berlin, Zug

○ ______________________________

□ ______________________________

c) Alsterpark, Schiff

○ ______________________________

□ ______________________________

d) Hamburg Altona, S-Bahn

○ ______________________________

□ ______________________________

e) Rathaus, Taxi

○ ______________________________

□ ______________________________

6. Was können Sie auch sagen?

a) ***Nehmen Sie die S7 bis Barmbek.***

ⓐ Die S7 fährt bis Barmbek.

ⓑ Fahren Sie mit der S7 bis Barmbek.

ⓒ Sie können bis Barmbek fahren.

b) ***Wie komme ich zum Marktplatz?***

ⓐ Kommt man geradeaus zum Marktplatz?

ⓑ Wo kommt der Marktplatz?

ⓒ Können Sie mir den Weg zum Marktplatz zeigen?

c) ***Das Thalia-Theater ist am Alstertor.***

ⓐ Das Thalia-Theater liegt am Alstertor.

ⓑ Das Thalia-Theater gibt es am Alstertor.

ⓒ Am Thalia-Theater ist das Alstertor.

d) ***Steigen Sie am Dammtor in die S11 um.***

ⓐ Sie können die S11 zum Dammtor nehmen.

ⓑ Fahren Sie bis zum Dammtor und nehmen Sie dann die S11.

ⓒ Die S11 fährt zum Dammtor.

Lektion 12

Im Modegeschäft (옷가게에서)

1. Kleider machen Leute (옷이 날개다)

①

A: Guck mal, der Rock!
B: Welchen Rock meinst du - den roten?
A: Ja, den roten. - Meinst du, der steht mir?
B: Bestimmt!
A: Aber der passt doch nicht zu meinem grünen T-Shirt!
B: Stimmt, da hast du Recht.
A: Und der da?
B: Der ist mir zu brav!
Aber was hältst du von dem langen schwarzen?
A: Ach, ich weiß nicht ...
B: Den finde ich recht gut!

②

A: Guten Tag, kann ich Ihnen helfen?
B: Guten Tag. Ich möchte gerne das schicke Kleid aus dem Schaufenster anprobieren.
A: Welches meinen Sie? Das weiße oder das grüne?
B: Das grüne.
A: Welche Größe?
B: Äh, Moment mal! Ich glaube, ich probiere lieber mal den Pullover hier.
Wo kann ich den probieren?

A: Dort drüben, ... Und? Gefällt er Ihnen?
B: Na ja, nicht so ganz. Ich schau mal bei den Jeans.
A: Was für eine suchen Sie?
B: Ah, die sieht ja toll aus! Was kostet die?
A: Die ist im Sonderangebot: neunundfünfzig Euro.
B: Gut, die nehme ich. Und die Jacke hier?

설명

- **Gefällt Ihnen/dir** der Anzug/das Hemd/die Bluse?
  이 정장/와이셔츠/블라우스가 당신의 마음에 듭니까?
- Der/Das/Die ist sehr gut/hübsch/super/toll.
  (Der/Das/Die **gefällt mir** sehr.)
- **Steht** mir der Rock?
  이 치마가 저에게 어울립니까?
- Er **steht dir/Ihnen** gut/ nicht so gut.

* **Passt** der Rock zu meinem grünen T-Shirt?
  이 치마가 내 초록색 티셔츠와 맞아(어울려)?
- Auf jeden(keinen) Fall.
  어떤 경우에도 맞아(맞지 않아).

2. Ein neues Sakko. (새 콤비 상의)

Herr Müller braucht ein neues Sakko. Er geht in ein großes Kaufhaus und denkt: Da werde ich sicher etwas Schickes finden.

A: Können Sie mir helfen?
B: Einen Augenblick! Ich muss noch einen anderen Kunden bedienen.

Inzwischen sucht Herr Müller ein passendes Sakko, findet aber keins. Dann geht er weiter zu den Hemden und Mänteln.

A: So, jetzt. Was darf es bitte sein?

B: Ich suche ein Sakko für diese Jahreszeit, kann aber in meiner Größe nichts finden.

A: Welche Größe haben Sie? Vierzig? Da ist leider schon alles weg. Aber nächste Woche bekommen wir neue Sachen.

B: So lange will ich nicht warten.

A: Die neuen Sachen sind aber sehr schick und auch preiswert.

B: Ach, ich probiere mal den leichten Mantel und das dunkelblaue Hemd.

A: Selbstverständlich, wie Sie wollen.

설명

* **Was für ein** Hemd/ **einen** Anzug/ **eine** Bluse suchen Sie?

어떤 종류의 와이셔츠/양복정장/블라우스를 찾습니까?

\- **Ein** blaues Hemd/ **Einen** schwarzen Anzug/ **Eine** gestreifte Bluse.

하나의 푸른색의 와이셔츠/검은색의 정장/줄무늬가 있는 블라우스.

* **Was für** Strümpfe(Pl.) suchen Sie? 어떤 종류의 스타킹을 찾습니까?

\- **Lange** Strümpfe. 긴 (종류의) 스타킹을.

* **Welche Größe/ Farbe** suchen Sie?

어떤 사이즈/ 색깔을 찾습니까?

* **Welches** Hemd/ **Welchen** Anzug/ **Welche** Bluse suchen Sie?

어떤 와이셔츠/정장/블라우스를 찾습니까?

\- **Das blaue** Hemd/ **Den schwarzen** Anzug/ **Die gestreifte** Bluse.

푸른색의 와이셔츠/검은색의 정장/줄무늬가 있는 블라우스.

* **Welche** Strümpfe suchen Sie?

\- **Lange** Strümpfe. 긴 스타킹을 (찾습니다).

3. Aus dem Schlussverkauf (바겐세일에서)

A: Entschuldigung, was kostet der Anzug?

B: Zweihundertzwanzig Euro.

A: Das ist mir zu teuer. Haben Sie auch billigere?

B: Ja, schauen Sie mal. Hier hängen noch welche vom Schlussverkauf.

A: Gut, dann guck ich mal. Danke.
Entschuldigen Sie bitte. Sie haben da im Schaufenster so einen schwarzen Anzug. Kann ich den mal anprobieren?

B: Welche Größe brauchen Sie denn?

A: Achtunddreißig.

B: Einen Moment bitte.
So, bitte. Die Kabinen sind da drüben.

A: Danke.

B: Und? Wie gefällt er Ihnen?

A: Nicht schlecht.

B: Er steht Ihnen sehr gut.

A: Aber die Hose ist ein bisschen zu lang.
Kann man die etwas kürzer machen?

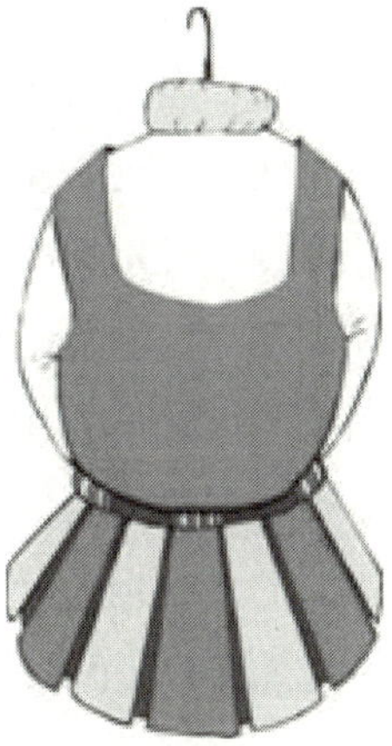

B: Das ist kein Problem.

A: Gut, dann nehme ich den.
Haben Sie noch eine passende Krawatte dazu?

B: Ja, sicher. Kommen Sie mit. Ich zeige Ihnen welche.

설명

* Die Hose ist (mir) ein bisschen zu lang.

이 바지는 나에게 약간 깁니다.

- Der Anzug/ Die Bluse/ Das Hemd ist mir viel zu eng/ kurz/ hässlich.
Gibt es noch etwas Größeres/ Längeres/ Schöneres(Hübscheres)?

이 정장/블라우스/와이셔츠는 나에게 아주 (품이)좁고/짧고/추합니다.
무언가 더 큰 것/긴 것/아름다운 것(예쁜 것)이 있습니까?

4. Ich suche eine Lederjacke. (가죽 상의를 찾습니다.)

A: Guten Tag, kann ich Ihnen helfen?
B: Ja, also, ich suche eine Lederjacke.
A: Entschuldigung, was für eine Jacke? Eine Lederjacke?
B: Ja, genau, ich möchte eine sportliche, eine elegante, eine lange oder vielleicht eine kurze.
A: Kein Problem. Wissen Sie schon, welche Farbe Sie gerne möchten?
B: Naja, eigentlich schon: braun vielleicht, oder grün, aber sicher keine schwarze.
A: Darf ich Ihnen mal die verschiedenen Modelle zeigen?
B: Ja, sehr gerne.
A: Welche Größe haben Sie?
B: Das weiß ich nie.
A: Ja, so etwa Größe 46?
B: Genau! Die blaue Jacke dort gefällt mir.
A: Welche? Die da?
Oh, ja, die steht Ihnen bestimmt gut.
B: Kann ich die mal anprobieren?
A: Ja, sicher.
B: Tja, nein, die passt mir doch nicht.
Äh, übrigens, was für preiswerte Freizeithosen haben Sie denn da?
A: Da habe ich zum Beispiel eine schöne Hose aus Baumwolle im Sonderangebot.
B: Haben Sie auch Lederhosen?
A: Was für eine suchen Sie denn? Eine kurze oder eine lange?
B: Ja, äh . . .

설명

♠ Verschiedene Bekleidungsgegenstände (여러 가지 의류)

* enge ***Jeans***(진), eine coole ***Sonnenbrille***(선글라스), ein modischer ***Bikini***(비키니 수영복), kurze ***Socken***(양말), lange ***Strümpfe***(스타킹), ein gemusterter ***Rock***(치마), ein helles ***Kleid***(원피스), eine weiße ***Bluse***(블라우스), ein breiter ***Gürtel***(혁대), ein leichter ***Mantel***(외투), ein schickes ***Kostüm***(여성의상), feine ***Handschuhe***(장갑), eine gestreifte ***Krawatte***(넥타이), ein weites ***Sweatshirt***(스웨터), eine warme ***Mütze***(모자), ein dicker ***Schal***(숄), ein dünnes ***Tuch***(수건)

* ein dunkler ***Anzug***(정장 양복), ein schickes ***Sakko***(콤비 상의), eine weite ***Hose***(바지), ein helles ***Hemd***(와이셔츠), ein eleganter ***Hut***(중절모), eine dicke ***Jacke***(상의), ein warmer ***Rolli/ Pullover***(풀오버)

* eine bunte ***Unterhose***(팬티), ein schwarzer ***Slip***(슬립), ein weißer ***BH***(브래지어), ein kurzes ***Unterhemd***(러닝셔츠), eine schwarze ***Badehose***(남자 수영복), ein lässiges ***T-Shirt***(티셔츠), ein enger ***Badeanzug***(여자 수영복)

* die bequemen ***Sandalen***(샌달), das Paar ***Schuhe***(구두), die leichten ***Turnschuhe***(운동화), die hohen ***Stiefel***(부츠)

Grammatik

1. Adjektivdeklination (형용사 어미변화)

a) Singular(단수)

	nach definitem Artikel (정관사+형용사 = 약변화)			nach indefinitem Artikel (부정관사+형용사 = 혼합변화)		
Nom. (1격)	der	kleine	Mann	ein	klein**er**	Mann
	die	kleine	Frau	eine	kleine	Frau
	das	kleine	Kind	ein	klein**es**	Kind
Gen. (2격)	des	klein**en**	Mannes	eines	klein**en**	Mannes
	der	klein**en**	Frau	einer	klein**en**	Frau
	des	klein**en**	Kindes	eines	klein**en**	Kindes
Dat. (3격)	dem	klein**en**	Mann	einem	klein**en**	Mann
	der	klein**en**	Frau	einer	klein**en**	Frau
	dem	klein**en**	Kind	einem	klein**en**	Kind
Akk. (4격)	den	klein**en**	Mann	einen	klein**en**	Mann
	die	kleine	Frau	eine	kleine	Frau
	das	kleine	Kind	ein	klein**es**	Kind

Diese Formen auch nach
dieser, diese, dieses
jeder, jede, jedes

Diese Formen auch nach
kein, keine
mein, meine; dein, deine; ...

b) Plural (복수)

Nom.	die	klein***en***	Leute	kleine	Leute
Gen.	der	klein***en***	Leute	kleiner	Leute
Dat.	den	klein***en***	Leuten	kleinen	Leuten
Akk.	die	klein***en***	Leute	kleine	Leute

Diese Formen auch nach
diese
alle
keine
meine; deine; seine; ...

2. Definitionsfragen: Welch- ?, Was für ein- ?

a) **Welch-** ?

- Guck mal, ***der*** Rock!
- Ich möchte ***das*** enge Kleid anprobieren.

○ ***Welchen*** Rock meinst du - ***den*** roten?

○ ***Welches*** meinen Sie?
Das weiße oder ***das*** grüne?

	Singular Maskulinum	Neutrum	Femininum	Plural
Nom.	welch-***er*** Rock?	welch-***es*** Hemd?	welch-***e*** Bluse?	welch-***e*** Kleider?
Akk.	welch-***en*** Rock?	welch-***es*** Hemd?	welch-***e*** Bluse?	welch-***e*** Kleider?
Dat.	(zu) welch-***em*** Rock?	(zu) welch-***em*** Hemd?	(zu) welch-***er*** Bluse?	(zu) welch-***en*** Kleidern?

b) **Was für ein- ?**

- Ich möchte auch eine Hose probieren.
- Eine Jeans, eine rote.

○ **Was für eine**?

○ **Was für eine** Marke?

Singular

	Maskulinum	Neutrum	Femininum	Plural
Nom.	was für ein Rock?	was für ein**es** Hemd?	was für ein**e** Bluse?	was für Kleider?
Akk.	was für ein**en** Rock?	was für ein**es** Hemd?	was für ein**e** Bluse?	was für Kleider?
Dat.	(zu) was für ein**em** Rock?	(zu) was für ein**em** Hemd?	(zu) was für ein**er** Bluse?	(zu) was für Kleidern?

3. Indefinitpronomen(부정대명사): einer, welche

	Nominativ			Akkusativ		
Mask.	Ist das	ein	Anzug?	Haben Sie	einen	Anzug?
	Ja, das ist	**einer**.		Ja, ich habe	**einen**.	
Fem.	Ist das	eine	Krawatte?	Haben Sie	eine	Krawatte?
	Ja, das ist	**eine**.		Ja, ich habe	**eine**.	
Neut.	Ist das	ein	Kleid?	Haben Sie	ein	Kleid?
	Ja, das ist	**eins**.		Ja, ich habe	**eins**.	
Plural	Sind das		Mäntel?	Haben Sie		Mäntel?
	Ja, das sind **welche**.			Ja, ich habe	**welche**.	

Übungen

1. Eregänzen Sie: Adjektiv und bestimmtes Artikelwort

a) Singular

Nom.	der grün ___	Pullover	das rot ___	Kleid	die weiß ___	Bluse
Akk.	den grün ___	Pullover	das rot ___	Kleid	die weiß ___	Bluse
Dat.	dem grün ___	Pullover	dem rot ___	Kleid	der weiß ___	Bluse

b) Plural

Nom./Akk.	○ grün ___	Pullover/Kleider/Blusen
Dat.	○ grün ___	Pullovern/Kleidern/Blusen

2. Ergänzen Sie: Adjektiv und unbestimmtes Artikelwort

a) Singular

Nom.	ein grün ___	Pullover	ein rot ___	Kleid	eine weiß ___	Bluse
Akk.	einen grün ___	Pullover	ein rot ___	Kleid	eine weiß ___	Bluse
Dat.	einem grün ___	Pullover	eimem rot ___	Kleid	einer weiß ___	Bluse

b) Plural

Nom./Akk.	○ grün ___	Pullover/Kleider/Blusen
Dat.	○ grün ___	Pullovern/Kleidern/Blusen

3. Bilden Sie Fragen und Antworten

a) Was für ein Kleid möchten Sie?(hübsch)

Ich möchte ein hübsches Kleid.

b) Was für eine Bluse möchten Sie?(hübsch)

Ich möchte ______________________________

c) Was für einen Rock möchten Sie?(leicht)

Ich ______________________________

d) Was für Schuhe möchten Sie?(schön)

____

e) Welches Hemd nehmen Sie?(schön)

____

f) Welchen Anzug nehmen Sie?(teuer)

____

g) Welche Krawatte nehmen Sie?(preiswert)

____

h) Welche Schuhe nehmen Sie?(schwarz)

____

4. Ergänzen Sie die Adjektive.

a) (alt/neu) Sie haben ein *altes* Auto und wollen ein *neues* kaufen.

b) (neu/teuer) Ein ________ Auto ist sehr _______ .

c) (groß/klein) Ein ______ oder ein _______ ?

d) (teuer/billig) Ein ______ oder ein _______ ?

e) (neu/gebraucht) Vielleicht kein _____ , sondern ein ______ ?

f) Es wird Winter. (schön/warm) Sie brauchen einen _____ , ______ Mantel.

g) (leicht/warm)Ihr _______ Sommermantel ist nicht _______ genug.

Aber was für einen Mantel wollen Sie kaufen?

h) (blau/grau) Einen ______ oder einen _______ ?

i) (kurz/lang) Einen ______ oder einen ________ ?

j) (teuer) Auf keinen Fall einen zu _______ !

k) (leicht) Haben Sie ______ Sommermäntel?

l) (leicht) Die _______ Sommermäntel finden Sie unten.

5. Schreiben Sie

a) **ein Anzug**

○ *Möchten Sie noch einen Anzug?*
Es sind noch welche da.

● *Nein danke, ich möchte keinen mehr.*

□ *Ich möchte einen Anzug.*
Sind noch welche da?

■ *Nein, es ist keiner mehr da.*

b) eine Lederjacke, c) ein Kleid, d) ein Wintermantel, e) eine Krawatte,

f) warme Socken, f) ein Rock, g) eine Badehose

6. Ergänzen Sie

○ Guten Tag, kann ich Ihnen helfen?

● Ja, also, ich suche eine Lederjacke.

○ Entschuldigung, ___________ (1) Jacke ? _____ (2) Lederjacke?

● Ja, genau, ich möchte eine sportliche, ein elegante, eine lange oder vielleicht eine kurze.

○ Kein Problem. Wissen Sie schon, _____ (3) Farbe Sie gerne möchten?

● Naja, eingentlich schon: braun vielleicht, oder grün, aber sicher keine schwarze.

○ Darf ich Ihnen mal die verschiedenen Modelle zeigen?

● Ja, sehr gerne.

○ ________ (4) Größe haben Sie?

● Das weiß ich nie.

○ Ja, so etwa Größe 46?

● Genau! Die blaue Jacke dort gefällt mir.

○ ________ (5)? ________ (6) da? Oh, ja, die steht Ihnen bestimmt gut.

● Kann ich die mal anprobieren?

○ Ja, sicher.

● Tja, nein, die passt mir doch nicht.
Äh, übrigens, ________ (7) Freizeithosen haben Sie denn da?

○ Da habe ich zum Beispiel eine schöne Hose aus Baumwolle im Sonderangebot.

● Haben Sie auch Lederhosen?

○ ________ (8) suchen Sie denn?
________ (9) kurze oder _________ (10) lange?

● Ja, äh...

7. Wer ist das? Üben Sie

● Er trägt einen schwarzen Anzug, ein weißes Hemd, eine blaue Krawatte und schwarze Schuhe. Wer ist das?

○ Das ist Herr Kim.

● Richtig! Sie trägt einen blauen Rock, eine gelbe Bluse.
Wer ist das?

○ Frau Park?

● Falsch! Das ist Frau Lee.

○ Jetzt bin ich dran. Wer ist der Junge mit den gestreiften Socken?

Das ist ______________________.

○ ________________________________

● ________________________________

8. Was für ein...?

○ Was für einen Anzug trägt Herr Lee?

□ Einen schwarzen.

Was für Schuhe trägt Frau Choi?

○ Blaue. Was für ____________ ?

□ ________________________

Lektion 13

Beim Arzt (병원에서)

1. Was ist denn los? (무슨 일이지?)

A: Tag, Peter.
B: Grüß dich, Sabine.
A: Du siehst aber nicht gut aus.
Was ist denn los?
B: Ich habe Zahnschmerzen.
A: Ist es schlimm?
B: Es geht.

설명

*** Was ist los mit dir/ Ihnen?**

너(당신)에게 무슨 일이 일어났니?

- Ist es schlimm?

(많이) 아파?

- Ach, nicht so schlimm, nur Bauchschmerzen.

아, 그렇게 많이 아프진 않아, 단지 복통(腹痛)일 뿐이야.

- Sehr schlimm/ Mir geht's nicht gut/schlecht. Ich habe Zahnschmerzen.

매우 아파/ 나의 (몸) 상태가 좋지 않아. 나는 치통(齒痛)을 앓고 있어.

*** Was fehlt ihm/ ihr?**

그는/그녀는 어디가 아프니?

- Er/ Sie hat Zahnschmerzen(Kopfschmerzen/ Bauchschmerzen/ Halsschmerzen).

그/그녀는 치통[두통/ 복통/ 인후통(咽喉痛)]을 앓고 있어.

= Sein/ Ihr Zahn(Kopf/ Bauch) tut weh.

Seine/ Ihre Brust(Hand/ Nase) tut weh.

그/그녀의 가슴(손/ 코)이 아파.

Seine/ Ihre Beine(Finger/ Zähne) tun weh.

Er/ Sie hat Grippe(Fieber/ Durchfall/ Verstopfung/ Schnupfen).

그/ 그녀는 유행성 감기(열/ 설사/ 변비/ 코감기)에 걸렸어.

- Er/ Sie ist krank(erkältet).

그/ 그녀는 아파(감기에 걸렸어).

*** Wo tut's denn weh?**

Wo tut's denn weh? = Wo haben Sie Schmerzen?

- Ich habe Kopfschmerzen(Husten, Zahnschmerzen, Halsschmerzen, Ohrenschmerzen, Bauchschmerzen, Magenschmerzen, Herzbeschwerden, Grippe, Erkältung, Verstopfung, Durchfall, ein Magengeschwür).
- Ich habe Schmerzen im Bein/ am Finger . . .

2. Beim Arzt (병원에서)

① Am Abend

A: Du siehst schlecht aus. Was ist los mit dir?

B: Mir geht's nicht gut. Ich habe Kopfschmerzen, und mein Bauch tut auch weh.

A: Willst du nicht zum Arzt gehen?

B: . . .

② Am nächsten Tag

A: Praxis Doktor Jung, guten Tag!

B: Guten Tag. Mir ist schlecht, und ich habe Kopf- und Bauchschmerzen.
Kann ich ...?

A: Entschuldigung, wie ist Ihr Name?

B: Ryu, Ah-rio Ryu.

A: . . .

③ **Am anderen Tag**

A: Frau Ryu?

B: Ja.

A: Können Sie dieses Formular ausfüllen und dann im Wartezimmer Platz nehmen?

④ **Beim Arzt im Sprechzimmer**

A: Guten Tag, Frau Ryu. Was kann ich für Sie tun?

B: Ich weiß nicht so recht. Gestern hatte ich noch starke Schmerzen, aber jetzt tut's mir nicht mehr weh.

A: . . .

Körperteile (신체부위 명칭)

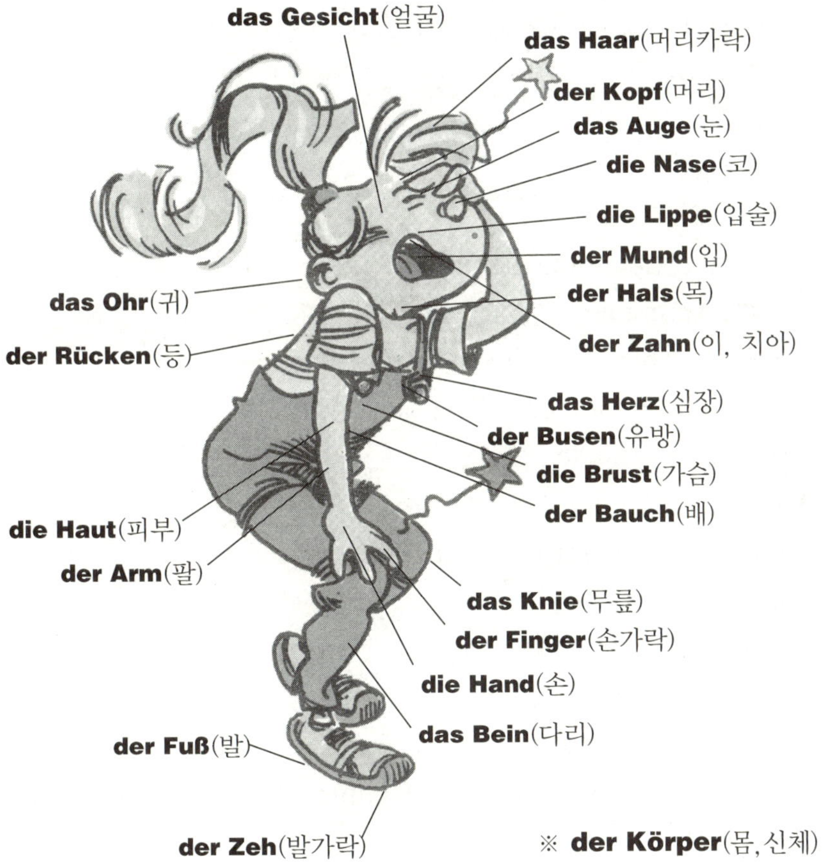

※ **der Körper**(몸, 신체)

3. Die Untersuchung (진찰)

①

A: So, der nächste bitte.
Ach Herr Schuhmacher, gehen Sie rein.

B: Danke.
Guten Tag, Frau Doktor.

C: Guten Tag, Herr Schuhmacher. Wo fehlt's denn?

B: Mir geht's schlecht, Frau Doktor.
Ich habe immer solche Magenschmerzen.

C: Hm. Essen Sie denn zu viel oder zu fett?

B: Ich esse nur ganz wenig. Das ist es ja.
Ich kann gar nicht viel essen. Ich habe immer gleich solche Schmerzen.

C: Und dann ziehen Sie sich aus. Und legen Sie sich dahin.
Tut das weh?

B: Nein.

C: Und das?

B: Ah-ah, äh.

C: Aha! Herr Schuhmacher, arbeiten Sie viel?

B: Ja, das kann man wohl sagen.
Ich bin oft bis acht oder neun im Büro.

C: Dann trinken Sie gerne Bier oder Wein?

B: Naja, sicher, manchmal.

C: Und Kaffee?

B: Ja, natürlich. Ich trinke viel Kaffee.

C: Rauchen Sie?

B: Naja. Wissen Sie, der Stress im Büro ist halt so groß?
Da raucht man schon sehr viel.

C: Nehmen Sie Tabletten?

B: Ja sicher. Wenn ich oft Kopfschmerzen habe, dann nehme ich eine Tablette.

C: Herr Schuhmacher, nun wollen wir eine Röntgenaufnahme machen. Kommen Sie mit.

설명

★ Wo fehlt's denn? 어디가 아픕니까?

★ Ich habe Magenschmerzen. 저는 위통(胃痛)을 앓고 있습니다.

★ Essen Sie zu viel oder zu fett? 과식을 하시거나 혹은 기름진 음식을 드십니까?

★ Ich kann gar nicht viel essen. 저는 전혀 많이 먹을 수 없습니다.

★ Arbeiten Sie viel? 일을 많이 하십니까?

★ Ja, das kann man wohl sagen. 예, 그렇다고 아마도 말할 수 있습니다.

★ Trinken Sie gerne Bier oder Wein? 맥주나 포도주 마시는 것을 좋아합니까?

★ Naja, sicher, manchmal. 예, 물론, 때때로.

★ Rauchen Sie? 담배를 피우십니까?

★ Ja, ich rauche viel. 예, 많이 피웁니다.

★ Nehmen Sie Tabletten? 알약을 드십니까?

★ Ja, sicher. 예, 그렇습니다.

②

A: Guten Tag! Wo tut's denn weh?

B: Ich weiß nicht, was es ist. Ich habe immer Kopfweh.
Ob das das Wetter ist?

A: Es könnte sein, dass Sie einen zu niedrigen Blutdruck haben.

B: Und ich weiß auch nicht, warum ich oft so müde bin.

A: Ich werde feststellen, was es ist.
Und dann werden wir sehen, dass es Ihnen bald wieder besser geht.

설명

* Ich habe immer Kopfweh. Ob das das Wetter ist?

저는 늘 머리가 아픕니다. 그것이 날씨 때문은 아닌지?

- Es könnte sein, dass Sie einen zu niedrigen Blutdruck haben.

당신이 지나치게 낮은 혈압이라면 그럴 수도 있습니다.

4. In der Apotheke (약방에서)

A: Guten Tag. Bitte sehr?
B: Hier ist mein Rezept.
A: Ja, einen Augenblick.
So, da sind Ihre Tropfen.
B: Danke. Wie muss ich die einnehmen?
A: Nehmen Sie sie dreimal täglich mit viel Flüssigkeit.
Und nach dem Essen.
B: Gut. Was macht das?
A: Das ist gebührenfrei. Und gute Besserung!
B: Danke.

설명

* Ich möchte(brauche) ein Medikament gegen Halsschmerzen (Durchfall/ Husten/ Grippe und Fieber).
저는 인후통(咽喉痛)(설사/ 기침/ 유행성 감기와 열)에 대한 약을 원(필요로)합니다.
* Nehmen Sie sie dreimal(einmal/ sechsmal/ alle zwei Stunden) am Tag(täglich nach den Mahlzeiten) eine Tablette(zwei Tabletten/ eine Kapsel/ eine Beutel/ 3 Tropfen).
하루(매일/ 식사 후)에 세 번(한 번/ 여섯 번/ 매 두 시간마다) 알약 하나(알약 두 개/ 캡슐 하나/ 약봉지 하나/ 세 방울)을 드십시오.
* Gute Besserung!
쾌유를 빕니다!

Grammatik

1. Possessivartikel(소유관사:소유대명사)

a) Nominativ(1격)

		Maskulinum	Femininum	Neutrum		Plural
		ein Arzt	eine Ärztin	ein Buch		Ärzt**e**
ich		mein	mein**e**	mein		mein**e**
du		dein	dein**e**	dein		dein**e**
Sie	Das ist	Ihr Arzt	Ihr**e** Ärztin	Ihr Buch	Das sind	Ihr**e** Ärzte
er		sein	sein**e**	sein		sein**e**
sie		ihr	ihr**e**	ihr		ihr**e**
wir		unser	unser**e**	unser		unser**e**
ihr	Das ist	euer Arzt	eur**e** Ärztin	euer Buch	Das sind	eur**e** Ärzte
sie		ihr	ihr**e**	ihr		ihr**e**

b) Akkusativ und Dativ(4격과 3격)

Akk.	ein**en** Arzt	ein**e** Ärztin	ein Buch	- Ärzte
	mein**en**	mein**e**	mein	mein**e**
	dein**en**	dein**e**	dein	dein**e**
	…	…	…	…
	…	…	…	…
Dat.	ein**em** Arzt	ein**er** Ärztin	ein**em** Buch	- Ärzten
	mein**em**	mein**er**	mein**em**	mein**en**
	dein**em**	dein**er**	dein**em**	deim**en**

2. Hauptsatz und Nebensatz(주문장과 부문장)

Konditonalsatz mit realer Bedingung (현실적인 조건을 가진 조건문)

a) Hauptsatz und Nebensatz(주문정과 부문장)

Hauptsatz (주문장)	+	Konjunktion (접속사)	+	Nebensatz = Konditionalsatz (부문장=조건문)	

Die Leute gehen zun Arzt, **wenn** sie eine Grippe haben.

Es gibt kein Problem, **wenn** ein Patient nicht Deutsch spricht

b) Nebensatz vor Hauptsatz(주문장 앞에 부문장이 오는 경우)

Konjunktion (접속사)	+	Nebensatz = Konditionalsatz (부문장=조건문)	+	Hauptsatz (주문장)

Wenn die Leute eine Grippe haben, **(dann)** gehen sie zum Arzt.

Wenn man Schmerzen hat, **(dann)** gibt es einen guten Trick.

3. Nebensatz mit "wer, was, ob, dass, wann, wo...usw."

("wer, was, ob, dass, wann, wo...usw." 을 가진 부정문)

Weiße du, **wer** das ist?

Wissen Sie, **was** das ist?

Ich weiß nicht, **ob** er krankt ist?

Ich weiß nur, **dass** er nicht da ist?

Weiße du, **wann** sie kommt?

Wissen Sie, **wo** er ist?

Übungen

1. Frau Kim und Herr Park haben Probleme mit der Gesundheit. Schreiben Sie.

a) Frau Kim hat jeden Tag eine neue Krankheit.

Montag kann sie nicht *arbeiten*. *Ihr Hals* tut weh.

Dienstag kann sie nicht __________ . Ihr ______ tut weh.

Mittwoch ________________ . ________________

Donnerstag ________________ . ________________

Freitag ________________ . ________________

Samstag ________________ . ________________

Und Sonntag ________________ . ________________

fernsehen, essen, nachdenken, aufstehen, schlafen, rauchen, fotografieren, aufräumen, einkaufen, fliegen, arbeiten, sprechen, kochen, gehen, sehen, lesen, tanzen, hören, trinken, schreiben, schwimmen, Deutsch lernen, Fußball/Tennis spielen

b) Herr Park hat jeden Tag eine neue Krankheit.

Montag tut *sein* Rücken weh, und er kann nicht *schwimmen*.

Dienstag tut ________________ , und ________________

Mittwoch tut ________________ , und ________________

Donnerstag tut ________________ , und ________________

Freitag tut ________________ , und ________________

Samstag tut ________________ , und ________________

Sonntag tut ________________ , und ________________

2. Ihr . . . tut weh. Was sagen Sie?

	Ich habe . . .	Mein(e) . . .	Ich habe Schmerzen . .
Kopf	Kofschmerzen.	Kopf tut weh.	--
Bein	--	Bein tut weh.	im Bein.
Ohren			
Rücken			

Zahn			
Fuß			
Auge			
Knie			
Bauch			
Hand			
Nase			
Schulter			

3. Lesen Sie den Dialog. Und spielen Sie mit Ihrem(Ihrer) Partner(-in).

a) **Kaffee - ein Magengeschwür haben - Tee**

● Möchtest du einen Kaffee?

□ Nein danke, ich darf nicht.

● Warum denn nicht?

□ Ich habe ein Magengeschwür.
Der Arzt sagt, ich soll keinen Kaffee trinken.

● Darfst du denn Tee trinken?

□ Oh ja, das soll ich sogar.

b) **Eis essen - Durchfall haben - Schokolade**

● ______________________________

□ ______________________________

c) **Kuchen - Verstopfung haben - Obstsalat**

● ______________________________

□ ______________________________

d) **Schweinebraten - zu dick sein - Obstsalat**

● ______________________________

□ ______________________________

e) **Kaffee - nervös sein - Milch**

● ______________________________

□ ______________________________

f) **Fisch - eine Fischallergie haben - Hähnchen**

● ______________________________

□ ______________________________

g) **Cognac - Herzbeschwerden - Mineralwasser**

● ______________________________

□ ______________________________

4. Bitte antworten Sie mit "Ich weiß nicht, . . ."

a) Wann kommt er? Ich weiß nicht, *wann er kommt.*

b) Wohin geht er? Ich weiß nicht, ______________________

c) Was macht sie? Ich weiß nicht, ______________________

d) Warum schreibt sie nicht? Ich weiß nicht, ______________

e) Wo bleiben sie denn? Ich weiß nicht, __________________

5. Ergänzen Sie: "dass - ob - wer - wo, usw."

a) Wo ist der Chef? - Ich weiß nicht, ____ er ist. Ich weiß auch nicht, ____er überhaupt hier ist. Ich weiß nur, ____er schon um 9 Uhr hier sein wollte.

b) Wer ist denn das? - Ich weiß nicht, ____das ist. Ich weiß auch nicht, ____er wohnt und _____er verheiratet ist. Ich weiß nur, ____er bei uns arbeitet.

c) Was ist denn mit Stefan los? - Ich weiß nur, _____er sich verletzt ist, und _____er mit seiner Mutter zum Arzt gefahren ist. Ich weiß aber nicht, _____der Fuß gebrochen ist oder nicht.

d) Was haben Sie denn, sind Sie krank? - Ich weiß nicht, _____ich habe. Ich weiß auch nicht, ____ich krank bin. Ich weiß nur, ____ich starke Kopfschmerzen habe.

6. Sie haben etwas vor, z.B. eine Reise, wissen aber noch nicht, ob alles klappt. Bitte antworten Sie.

a) Hoffentlich klappt das. Ich weiß noch nicht, *ob das klappt.*

b) Hoffentlich geht das gut. Ich weiß noch nicht, ______________________

c) Hoffentlich haben Sie Zeit. Ich weiß noch nicht, ______________________

d) Hoffentlich können Sie fahren. Ich weiß noch nicht, __________________

7. Schreiben Sie "wenn"- Sätze.

● Ich habe Kopfweh. ○ Da hilft eine leichte Kopfmassage.

Wenn Sie Kopfweh haben, hilft eine leichte Kopfmassage.

Eine leichte Kopfmassage hilft, wenn Sie Kopfweh haben.

a) ● Ich bin erkältet. ○ Da hilft ein Kräuter-Tee.

________________________, ________________________

________________________, ________________________

b) ● Ich habe eine starke Grippe. ○ Da muss man im Bett bleiben.

________________________, ________________________

________________________, ________________________

c) ● Ich habe mich geschnitten. ○ Dann nimm ein Pflaster!

________________________, ________________________

________________________, ________________________

d) ● Ich bin nervös. ○ Mach doch einen Spaziergang!

________________________, ________________________

________________________, ________________________

8. Bei Reisen sollte man die wichtigsten Medikamente mitnehmen.

Wenn man reist, sollte man die wichtigsten Medikamente mitnehmen.

a) Bei Schmerzen soll man sich entspannen.

____

b) Beim Frühstück lese ich immer die Zeitung.

____

c) Der Wecker klingt. Max steht sofort auf.

____

d) Am Wochenende hat Brigitte viel Zeit. Sie trifft Freunde und Bekannte.

____

Lektion 14

Falsch geparkt (주차위반)

1. Falsch geparkt (주차위반)

Herr Kim hatte es eilig. Es gab aber weit und breit keinen Parkplatz. Er ließ den Wagen vor einem Zigarettenladen stehen. Nach wenigen Minuten kam er zurück und fand am Wagen eine Verwarnung. Er nahm den Zettel, ging zum nächsten Polizisten und gab ihm den Zettel.

A: Sie haben leider falsch geparkt. Sie müssen zehn Euro zahlen.

B: Mein Wagen stand aber nur ein paar Minuten da.

A: Tut mir Leid, aber Sie müssen zahlen.

B: Ich möchte es Ihnen erklären: Ich wollte mir schnell Zigaretten holen und habe keinen Parkplatz gefunden.
Da dachte ich, das macht doch nichts, ich bin ja gleich wieder zurück.

A: Hier ist aber Parken verboten.
Wusstes Sie das nicht?

B: Dann zahle ich eben die 10 Euro.

A: Sie müssen das Geld überweisen. Die Zahlkarte ist am Formular.

설명

- er hat es eilig = eilig davon laufen; er hat es immer eilig. 급히 서두르다.
- weit und breit = überall 도처에
- jm. Geld überweisen: Das Gehalt wird auf Ihr Girokonto überwiesen.
  (계좌에) 송금하다.

2. Schwarz gefahren (무임승차)

A: Was ist denn mit dir los?

B: Ich musste in der U-Bahn 20 Euro zahlen.

A: Bist du schwarz gefahren?

B: Eigentlich nicht. Ich hatte eine Karte.

A: Hast du sie beim Einsteigen nicht entwertet?

B: Ich wusste das nicht. Ich bin doch fremd hier.

A: Konntest du das denn nicht erklären?

B: Nein, es gab keine Diskussion. Ich musste zahlen.

A: Du kannst dich doch schriftlich beschweren.

설명

- schwarz fahren = illegal fahren, z.B. etwas schwarz kaufen
  불법으로 승차하다, 사다.
- eine Eintrittskarte, Fahrkarte entwerten = ungültig machen
  다시 사용하지 못하게 하다. 개찰하다.
- sich bei jm. über etwas beschweren = sich beklagen
  ~ 에게 (무엇)에 대하여 항의(불평)하다.

3. Ich möchte einen Wagen zur Reparatur anmelden.
(자동차 수리를 신청하고 싶습니다.)

Frau Heim, die Sekretärin von der Firma Fuchs, ruft eine Werkstatt an.

A: Autohaus Neureuther, guten Tag.
B: Hier Firma Fuchs. Ich möchte einen Wagen zur Reparatur anmelden.
A: Ich verbinde Sie mit der Werkstatt.
Augenblick, Herr Meier spricht gerade.
C: Hier Meier!
B: Guten Tag, Herr Meier. Hier Heim.
Herr Meier, unser Wagen hat eine Panne.
Er steht am Bahnhof. Können Sie jemand hinschicken?
C: Was fehlt denn?
B: Das weiß ich nicht. Ich glaube, Sie müssen ihn abschleppen.
C: Augenblick, ich muss erst nachsehen.
Ich glaube, im Moment ist niemand frei.
Wir haben heute sehr viel Arbeit.
Bleiben Sie bitte am Apparat. - - -
Frau Heim, können wir den Wagen morgen holen?
B: Nein, das geht nicht.
Mein Chef braucht ihn spätestens morgen Mittag.
C: Na gut, dann muss ich ihn heute Nachmittag abschleppen.
B: Noch etwas, Herr Meier.
Können Sie auch gleich den Kundendienst machen?
C: Augenblick, ich muss noch einmal nachsehen.
- Bis wann braucht Ihr Chef den Wagen wieder?
B: Bis morgen Mittag.
C: Also, versprechen kann ich das nicht.
Können Sie mich heute vor fünf Uhr noch mal anrufen?
B: Ja, ist gut.
C: Dann brauche ich nur noch den Schlüssel. Können Sie ihn herbringen?

설명

- Ich möchte einen Wagen zur Reparatur anmelden.

저는 자동차 수리를 신청하고 싶습니다.

- Unser Wagen hat eine Panne. = Unser Wagen ist kaputt.

우리의 자동차가 고장이 났다.

*** mich, ihn, Sie**

- Können Sie **mich** mit Herrn Fuchs verbinden?

푹스 씨 좀 연결해 주시겠습니까?

- Ich verbinde **Sie** mit der Werkstatt.

(자동차) 수리공장에 연결해 드리겠습니다.

- Der Wagen ist kaputt. Können Sie **ihn** abschleppen?

자동차가 고장이 났다. 이 자동차를 견인해 가시겠습니까?

*** jemand - niemand**

- Können Sie **jemand** zum Bahnhof hinschicken?

누군가를 기차역에 보내시겠습니까?

- Tut mir Leid, im Moment ist **niemand** frei.

죄송합니다만, 현 시점엔(이 순간엔) 아무도 한가한 사람이 없습니다.

4. Was ist denn kaputt? (무엇이 고장입니까?)

A: Ich bringe Ihnen meinen Wagen.
B: Was ist denn kaputt?
A: Der Motor läuft nicht richtig.
Und das linke Fahrlicht funktioniert nicht mehr.
B: Sonst noch etwas?
A: Ja. Die Bremsen müssen einmal überprüft werden.
B: Geht in Ordnung.
A: Wann kann ich den Wagen abholen?
B: Morgen Vormittag, wenn die Reparatur nicht zu langwierig ist.
Wie ist Ihr Name?
A: Chi-min Kim.
B: Gut. Dann bis morgen Vormittag. Aber rufen Sie lieber noch mal an.
A: Mach' ich. Vielen Dank.
B: Wiedersehen.

설명

* Was ist denn kaputt? = Was ist denn nicht in Ordnung? = Was ist denn los?
* Der Motor läuft nicht richtig/schlecht.
  엔진이 제대로 작동하지 않습니다.
* Das linke/rechte Fahrlicht/Bremslicht funktioniert nicht/brennt nicht.
  왼쪽/오른쪽 주행등/제동등(브레이크등)이 작동되지 않습니다/불이 들어오지 않습니다.
* Der rechte Scheinwerfer/ Der linke(hintere) Blinker funktioniert nicht(ist kaputt).
  오른쪽 전조등/ 왼쪽 점멸등(깜빡이등)이 작동되지 않습니다(고장입니다).
* Die Bremsen müssen überprüft werden.
  제동기(브레이크)가 점검되어야만 합니다.
* Die Gangschaltung/ Der Auspuff/ Die Lichtmaschine/ Die Kupplung/ Die Kühlung ist kaputt.
  기아 변속장치/ 배기관/ 발전기/ 클러치/ 냉각장치가 고장이 났다.
* Der linke, vordere Reifen ist geplatzt.
  왼쪽, 앞 타이어가 펑크나다.

5. An der Tankstelle (주유소에서)

A: Volltanken bitte.

B: Super oder Normal?

A: Super bleifrei.
Und können Sie noch die Scheiben putzen?

B: Natürlich. Öl ist in Ordung?

A: Ach ja, bitte. Überprüfen Sie mal den Ölstand.

설명

* Volltanken bitte./ 20 Liter bleifrei bitte.

연료탱크를 가득 채워주세요./ 무연(휘발유) 20 리터.

Grammatik

1. Präteritum (과거형)

a) Modalverben (화법 조동사)

	wollen	sollen	können	dürfen	müssen	mögen
ich	woll**te**	soll**te**	konn**te**	durf**te**	muss**te**	moch**te**
du	woll**test**	soll**test**	konn**test**	durf**test**	muss**test**	moch**test**
er/sie/es	woll**te**	soll**te**	konn**te**	durf**te**	muss**test**	moch**te**
wir	woll**te**	soll**ten**	konn**ten**	durf**ten**	muss**ten**	moch**ten**
ihr	woll**tet**	soll**tet**	konn**tet**	surf**tet**	muss**tet**	moch**tet**
sie	woll**ten**	soll**ten**	konn**ten**	durf**ten**	muss**ten**	moch**ten**
Sie	woll**ten**	soll**ten**	konn**ten**	durf**ten**	muss**ten**	moch**ten**

b) Schwache Verben (약변화동사)

	Präsens	Präteritum	Präsens	Präteritum
ich	sage	sag**te**	arbeite	arbeit**ete**
du	sag**st**	sag**test**	arbeit**est**	arbeit**etest**
er/sie/es	sag**t**	sag**te**	arbeit**et**	arbeit**ete**
wir	sag**en**	sag**te**	arbeit**en**	arbeit**eten**
ihr	sag**t**	sag**tet**	arbeit**et**	arbeit**etet**
sie	sag**t**	sag**te**	arbeit**en**	arbeit**eten**
Sie	sag**en**	sag**ten**	arbeit**en**	arbeit**eten**

*약변화 동사의 과거 인칭변화

ich	-te	du	-test,	er/sie/es	-te
wir	-ten	ihr	-tet,	sie(Sie)	-ten

* Schwache Verben und Mischformen sind gleiche Endungen
(약변화 동사와 혼합변화 동사는 동일한 어미를 갖는다.)

* **Achtung!** (주의)

동사의 어간이 -d, -t로 끝나거나, 혹은 -m, -n이 --r-, -l-을 제외한 다른 자음 뒤에 올 때 "arbeiten"과 같이 어간과 어미 사이에 늘 -e-를 삽입한다.

z.B.: antworten(ich antwortete), baden(ich badete), atmen(ich atmete), rechnen(ich rechnete)

c) Starke Verben (강변화 동사)

	Präsens	Präteritum	Präsens	Präteritum
ich	komm**e**	kam	seh**e**	sah
du	komm**st**	kam**st**	sieh**st**	sah**st**
er/sie/es	komm**t**	kam	sieh**t**	sah
wir	komm**en**	kam**en**	seh**en**	sah**en**
ihr	komm**t**	kam**t**	seh**t**	sah**t**
sie	komm**en**	kam**en**	seh**en**	sah**en**
Sie	komm**en**	kam**en**	seh**en**	sah**en**

ich -, du -st, er/sie/es -,

wir -en ihr -t, sie -en, Sie -en

z.B.: fahren(fuhr), tragen(trug), anfangen(fing an), schlafen(schlief), laufen(lief), helfen(half), sehen(sah), essen(aß), finden(fand), schneiden(schnitt), schreiben(schrieb), kommen(kam), gehen(ging), stehen(stand), tun(tat), usw.

Übungen

1. Ergänzen Sie die Verben im Präteritum.

Gestern _______ (sein) ich in der Stadt und _______ (haben) es eilig. Ich _______ (wollen) mir Zigaretten holen, es _______ (haben) aber keinen Parkplatz. Darum _______ (müssen) ich meinen Wagen vor dem Laden stehen.

Nach wenigen Minuten _______ (kommen) ich zurück und _______ (finden) an meinem Wagen den Zettel, _______ (gehen) zum Polizisten und _______ (geben) ihm den Zettel. Der Polizist _______ (sagen): "Sie haben falsch geparkt." Ich _______ (antworten): "Mein Wagen _______ (stehen) aber nur ein paar Minuten da." Ich _______ (müssen) es dem Polizisten erklären und _______ (sagen): "Ich _______ (wollen) mir nur Zigaretten holen und _______ (denken): Das macht doch nichts, ich bin ja gleich wieder zurück." Aber der Polizist _______ (sein) hart und _______ (sagen): "Auf dem Fußgängerüberweg ist Parken immer verboten. Das _______ (wissen) Sie doch, oder nicht?" Da _______ (denken) ich, dann zahle ich eben.

2. Ergänzen Sie die Verben im Präteritum.

a) (wollen) Gestern Abend _______ wir ins Kino gehen.

b) (bestellen/abholen) Wir _______ uns Karten und _______ die Karten um halb acht an der Kinokasse _______ .

c) (müssen/haben) Aber wir _______ warten, wir _______ noch 45 Minuten Zeit.

d) (wissen) Da _______ wir vorher nicht.

e) (sollen) Was _______ wir so lange tun?

f) (sagen/antworten) Ich _______ : "Wir können noch einen Bummel machen," und alle _________ : "Gut, gehen wir also."

g) (wissen/sollen) Letzten Sonntag _______ ich nicht, was machen _______ .

h) (regnen/können) Es _______ und ich _______ nicht spazierengehen.

3. Ergänzen Sie.

- □ Was ist denn ________ dir los?
- ■ Ich musste in der U-Bahn 20 Euro ____________
- □ Bist du __________ gefahren?
- ■ Eigentlich nicht. Ich hatte eine Karte.
- □ Hast du sie _________ Einsteigen nicht ___________ ?
- ■ Ich _______ das nicht. Ich bin fremd hier.
- □ _______ du das denn nicht erklären?
- ■ Nein, es gab ________ Diskussion. Ich musste zahlen.
- □ Du kannst dich noch schriftlich ___________

4. Schreiben Sie bitte.

Mein Wagen hat eine Panne. Ich muss zu Fuß ins Büro gehen.

a) ins Büro

Mein Wagen hat eine Panne. Ich muss zu Fuß ins Büro gehen.

b) zum Supermarkt

____

c) ins Restaurant

____

d) zum Rathaus

____

e) ins Theater

____

5. Schreiben Sie bitte.

Mein Wagen steht am Hauptbahnhof. Können Sie jemand hinschicken? - Tut mir Leid, im Moment ist niemand frei.

a) Hauptbahnhof

Mein Wagen steht am Hauptbahnhof. Können Sie jemand hinschicken?

- Tut mir Leid, im Moment ist niemand frei.

b) Flughafen

____

____

c) Fernsehturm

____

____

d) Marktplatz

____

____

6. Schreiben Sie.

● *Was ist los mit Ihren Scheibenwischern?*

□ *Ich glaube, die Scheibenwischer sind kaputt.*

a) Motor

● ____

□ ____

b) der rechte Scheinwerfer

● ____

□ ____

c) die Bremsen

● ____

□ ____

d) die Kupplung

● ____

□ ____

e) der linke, vordere Blinker

● ____

□ ____

7. Was für eine Panne! Antworten Sie.

a) Motor

Der Motor ist kaputt. Er funkioniert nicht mehr.

Der muss überprüft/ repariert/ ausgewechselt werden.

b) das linke Bremslicht

c) der rechte Scheinwerfer

d) die Gangschaltung

e) die Handbremsen

f) der Scheibenwischer

Lektion 15

Land und Leute (독일의 나라와 사람들)

1. Kennen Sie die Bundesrepublik Deutschland?
(독일연방공화국을 아십니까?)

Wenn Sie an die Bundesrepublik Deutschland denken, denken Sie dann auch zuerst an Industrie, Handel und Wirtschaft? Ja? Dann kennen Sie unser Land noch nicht richtig.

Die Bundesrepublik hat sehr verschiedene Landschaften: Flaches Land im Norden mit herrlichen Stränden an Nordsee und Ostsee, Mittelgebirge mit viel Wald im Westen und im Süden und hohe Berge in den Alpen. Auch das überrascht Sie vielleicht: rund 30% der Bodenfläche in der Bundesrepublik sind Wald!

Obwohl unser Land nicht sehr groß ist - von Norden nach Süden sind es nur 850 km und von Osten nach Westen nur gut 600 km -, ist das Klima nicht überall gleich. Der Winter ist im Norden wärmer als im Süden, deshalb ist es dort im Winter auch weniger Schnee. Anders ist es im Sommer. Da ist im Süden meist besseres Wetter als im Norden; es regnet weniger, und die Sonne scheint öfter. Wenn Sie mehr über die Land-schaften in der Bundesrepublik wissen wollen, studieren Sie zuerst den deutschen Atlas und die deutsche Geschichte.

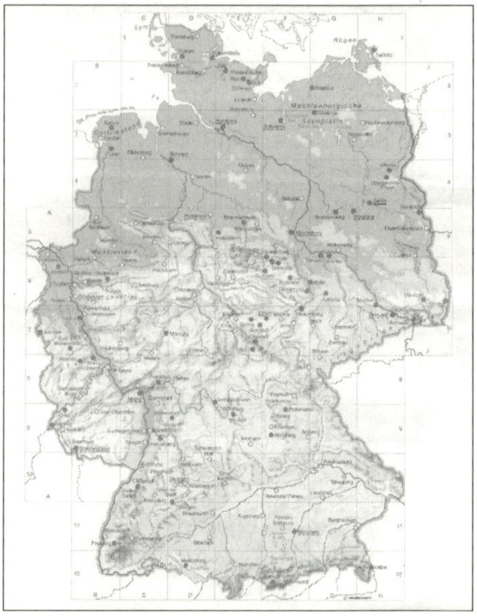

2. Deutschland heute (독일의 오늘)

Deutschland liegt im Herzen Europas. Im Norden von Deutschland liegt Dänemark, im Osten liegen Polen und die Tschechische Republik. Im Süden liegen die Länder Österreich und die Schweiz, im Westen Frankreich, Luxemburg, Belgien und die Niederlande. Diese Lage in der Mitte Europas ist besonders wichtig für Wirtschaft und Verkehr. Von Deutschland aus kann man gut in die anderen Länder Europas fahren. Diese Lage zwischen Osten und Westen ist auch politisch wichtig, denn "Deutschland heute" bedeutet seit dem 3. Oktober 1990: Wiedervereinigung der Bundesrepublik Deutschland (BRD) mit der Deutschen Demokratischen Republik (DDR).

Deutschland existierte von 1949 bis 1990 als zwei Staaten.

Im Westen gab es eine Demokratie und einen freien Markt, im Osten eine staatliche Planwirtschaft in einem kommunistischen System. Die Sowjets, Amerikaner, Franzosen und Engländer hatten 1945 den Krieg gegen Hitler-Deutschland gewonnen. Die sowjetische Armee marschierte in den östlichen Teil Deutschlands. Dieser Teil, den die Sowjets für sich nahm, wurde 1949 zu einem neuen Land mit dem Namen "Deutsche Demokratische Republik". Die drei Teile der Amerikaner, Engländer und Franzosen wurden in den Jahren 1945 bis 1949 zu einer Westzone. Dann wurde diese Westzone zur "Bundesrepublik Deutschland"(BRD).

Die politischen Ziele der Menschen waren sehr verschieden. In der Bundesrepublik war das politische System so wie in den USA, Frankreich, England, Dänemark und in den anderen westlichen Ländern. In der DDR war das politische System so wie in der Sowjetunion, Polen, der Tschechoslowakei oder Ungarn. Der Westen hatte einen freien Markt, der

Osten aber einen staatlich kontrollierten Markt. Man nennt das westliche Wirtschaftssystem auch "kapitalistisches System" und das alte östliche System "planwirtschaftliches System". Jetzt ist in den östlichen Ländern das alte planwirtschaftliche System zu Ende. Die freie Marktwirtschaft ist das neue System dort. Für die Menschen im Osten ist das nicht leicht, denn sie kennen ein freies System noch nicht. Sie müssen jetzt lernen, in einem freien System zu leben. Sie müssen ihre Zukunft in ihre eigenen Hände nehmen. Das ist für die jungen Leute leichter als für die alten Leute, denn die Jungen lernen schneller als die Alten.

Als sowjetischer Präsident hat Michail Gorbatschow für seine Arbeit den Friedensnobelpreis bekommen. Er hat der BRD und der DDR bei der Wiedervereinigung geholfen. Er hat dies getan, weil ein vereinigtes Deutschland ein wichtiger Partner für die Sowjetunion ist. Seit der Wiedervereinigung gibt es viele Konsultationen zwischen Deutschen und Sowjets. Auch amerikanische und französische Politiker sind dabei, denn die USA und Frankreich sind auch Partner von Deutschland.

Viele Deutsche sind den USA noch heute für die Hilfe nach dem Zweiten Weltkrieg dankbar. Die USA haben den Deutschen nach dem Zweiten Weltkrieg mit Krediten, Care-Paketen und know-how geholfen. Der Marshall-Plan hat geholfen, aus dem zerstörten Westdeutschland einen modernen Industriestaat zu machen. Aus diesem Grund war die wirtschaftliche Situation der BRD viel besser als die in der DDR. Die DDR hat keine Hilfe von den USA bekommen. Die DDR musste aber in den ersten fünfzehn Jahren nach dem Krieg viel Geld für Reparationen an die Sowjetunion bezahlen. Deshalb konnte die Wirtschaft dort nicht so stark werden wie in der BRD.

3. Chronologie der Wiederveieinigung (독일의 재통일 연대기)

1985
Michail Gorbatschow wird Staatschef der Sowjetunion und überall in Osteuropa beginnt ein Prozess der Demokratisierung: die DDR aber geht auf Distanz zur Reformpolitik der Nachbarländer.

Mai, 1989
Bei vielen DDR-Bürgern wächst der Ärger, und Oppositionsgruppen arbeiten noch intensiver. Der Grund: viele glauben, dass die Kommunisten bei den Maiwahlen die Wahlresultate fälschen.

August
DDR-Bürger, die in der Botschaft der Bundesrepublik in Budapest Asyl suchten, durften ausreisen. Später auch von den Botschaften der BRD in Prag und Warschau.

September
Der große Treck durch Österreich beginnt: Zehntausende DDR-Bürger - auf Urlaub in Ungarn - verlassen ihr Zuhause über die jetzt offene Grenze zwischen Ungarn und Österreich.

7. Oktober
Gorbatschow, zu Gast beim Jubiläumsfest in Ost-Berlin (40 Jahre DDR), macht klar, dass das Regime von den Sowjets keine Hilfe erwarten kann und ihr eigenes Reformprogramm beginnen soll. Bei Demonstrationen gegen die offizielle 40-Jahr Feier gibt es brutale Konfrontationen mit der Polizei.

9. Oktober
Erste friedliche Hunderttausender - Demonstration in Leipzig. Man lernt später, Ost - Berlin hätte den Schießbefehl gegeben, aber Leipziger

Politiker und Oppositionelle hätten ihn gestoppt. In den nächsten Wochen spontane Demonstrationen in der ganzen DDR.

4. November
Eine Million Bürger demonstrieren in Ost-Berlin für Reform.

9. November
Das Regime proklamiert ein neues Reisegesetz: Jeder darf frei und ungehindert reisen. In dieser Nacht besuchen Hunderttausende Ost - Berliner zum ersten Mal das nahe West-Berlin. Am Wochenende danach ist praktisch die ganze Grenze zwischen Ost - und Westdeutschland geöffnet: Millionen von DDR-Bürgern besuchen den Westen; die ganze Welt sieht im Fernsehen das fröhliche Mauer - Happening am Brandenburger Tor.

Dezember
Die Reisefreiheit kommt aber zu spät und ist nicht genug. Das Regime muss freie Wahlen akzeptieren, und in den nächsten Monaten gibt es die erste politische Kampagne zwischen freien politischen Parteien.

März, 1990
DDR Wahlen: die konservative Koalition "Allianz für Deutschland" hat jetzt mit ihrem klaren politischen Programm - d.h. Einigung mit der BRD so schnell wie möglich - ein grünes Licht.

1. Juli
Wirtschafts - und Währungsunion zwischen der Bundesrepublik und der Noch-DDR.

September
Nach langen Diskussionen mit den USA, der Sowjetunion, Frankreich, Großbritannien und Polen bereitet man den Weg zur Einigung der zwei deutschen Staaten vor.

3. Oktober
Viele Millionen Menschen in West und Ost feiern den neuen nationalen Feiertag "Tag der deutschen Einheit". 45 Jahre nach dem Ende des Krieges wird Deutschland wieder ein souveräner Staat, und eine neue Epoche beginnt in Europa.

4. Parteien (정당들)

Die größten Parteien in Deutschland sind - alphabetisch - die Christlich Demokratische Union Deutschlands (CDU), die Christlich Soziale Union (CSU), die Freie Demokratische Partei (FDP), die Grünen und die Sozialdemokratische Partei Deutschlands (SPD).

Die CDU und CSU bilden im Bundestag eine Fraktionsgemeinschaft, denn die CSU gibt es nur in Bayern; die CSU vertritt die Interessen dieses Bundeslandes und ist etwas konservativer, hat aber sonst ähnliche Ziele wie die CDU. Beide Parteien wurden 1945 gegründet. Grundlagen ihrer Politik sind u.a. das christliche Wertsystem, die soziale Marktwirtschaft, die Treue zum westlichen System, Förderung von Privatinitiative und wirtschaftlisches Wachstum.

Die FDP ist die Partei des Mittelstandes und der Privatindustrie.

Steuerliche Vorteile für ihre Wähler, Entspannungspolitik und die Förderung der Europäischen Gemeinschaft sind ihre Ziele.

Die Grünen sind die jüngste Partei (seit 1980 auf Bundesebene). Sie setzen sich für Umweltschutz, Abrüstung, Gleichstellung der Frau, direktere Demokratie und ein liberaleres Ausländergesetz ein.

Die SPD ist die älteste Partei (1869 zuerst gegründet, Wiedergründung 1945). Ihr Programm umfasst eine sozial und ökologisch vernünftige Marktwirtschaft, Verkürzung der Arbeitszeit (30-Stunden-Woche), Gleichstelllung von Erwerbsarbeit und Hausarbeit, Gleichstellung von Frauen und Männern in der Gesellschaft.

5. Die deutschsprachigen Länder (독일어 사용 국가들)

Deutsch spricht man in Deutschland, Österreich, in einem Teil der Schweiz, im Fürstentum Lichtenstein und - neben Französich und Luxemburgisch - im Großherzogtum Luxemburg. Aber auch in anderen Ländern gibt es Bevölkerungsgruppen, die Deutsch sprechen, in Europa zum Beispiel in Frankreich, Belgien, Dänemark, Italien, Polen und in der GUS.[1)]

Deutschland, Österreich und die Schweiz sind föderative Staaten. Die "Schweizerische Eidgenossenschaft("Confoederatio Helvetica", - daher das Autokennzeich CH) besteht aus 26 Kantonen, die Republik Österreich ("Austria", Autokennzeichen A) aus 9 Bundesländern und die Bundesrepublik Deutschland aus 16 Bundesländern. Ein Kuriosum: Die Städte Bremen, Hamburg und Berlin sind auch Bundesländer.

In der Schweiz gibt es vier offizielle Sprachen. Französich spricht man im Westen des Landes, Italienisch vor allem im Tessin, Rätoromanisch in einem Teil des Kantons Graubünden und Deutsch im großen Rest des Landes. Die offizielle Sprache Deutschlands und Österreichs ist Deutsch, aber es gibt auch Sprachen von Minderheiten: Friesisch an der deutschen Nordseeküste, Dänisch in Schleswig-Holstein, Sorbisch in Sachsen und Slowenisch und Serbokroatisch im österreichischen Bundesland Kärnten.

Natürlich ist die deutsch Sprache nicht überall gleich: Im Norden klingt sie anders als im Süden, im Osten sprechen die Menschen mit einem anderen Akzent als im Westen.

In vielen Gebieten ist auch der Dialekt noch sehr lebendig. Aber Hochdeutsch versteht man überall.

---

1) GUS = Gemeinschaft Unabhängiger Staaten: (구 소련에 속했던) 독립국가들의 연합

6. Deutsch - eine oder viele Sprachen?
(독일어 – 하나의 언어인가 아니면 많은 언어인가?)

Januar oder Jänner? Fleischer, Metzger, Schlachter oder Fleisch-hacker? Auf Wiedersehen, auf Wiederschauen, tschüs, ade, pfüet di, servus, babá, tschau, salü? Was ist richtig?

Das kommt darauf an, ob man sich in Norddeutschland, Süddeutschland, Österreich oder der Schweiz befindet und ob man in der Hochsprache, Umgangsprache oder Mundart spricht. Die Mundarten im deutschen Sprachraum sind ungeheuer vielfältig.

Oftmals wechselt der Dialekt von Ort zu Ort, manchmal gibt es sogar innerhalb eines Dorfes Unterschiede im Sprachgebrauch. In den Großstädten dagegen zeigt sich eine Glättung der sprachlichen Unterschiede, allerdings auch jeweils eine eigene charakteristische Sprechweise. Grob unterscheidet man die niederdeutschen Dialekte im Norden, dann die mitteldeutschen und schließlich im Süden die oberdeutschen Dialekte.

Die niederdeutsche Dialekte, oft "Plattdeutsch" genannt, sind in vielem dem Niederländischen und auch Englischen verwandt, z.B. sagt man im Niederdeutschen *schip* oder *schep* statt *Schiff*, *water* statt *Wasser*, *maken* statt *machen*.[2)]

Unter den Großstädten sind die Hamburger und Hannoveraner an der scharfen Aussprache des *s* vor *t* oder *p* erkennbar: In anderen deutschsprachigen Gegenden "schtolpert man übern schpitzen Schtein", die Hamburger und Hannoveraner jedoch "stolpern übern spitzen Stein"(also wie man es schreibt).

Mitteldeutsche Dialekte sind zum Beispiel im Westen das Rheinische (um Köln und Trier) und Hessische (um Frankfurt), und im Osten das

2) Die niederdeutschen Dialekte haben die "hochdeutsche Lautverschiebung, im 5.-7. Jahrhundert nicht mitgemacht, bei der sich die Konsonanten p, t, k, veränderten. Diese Lautverschiebung unterschied die hochdeutschen (= mitteldeutschen und oberdeutschen) Dialekte von allen anderen germanischen Sprachen.

Sächsische, die charakteristischen Mundarten in den südlichen Teilen Ostdeutschlands (um Leipzig und Dresden). Das "Kölsch" profiliert sich besonders in der Karnevalsszeit: Bundesweit sehen die Fernsehzuschauer Kölner Karnevalsszenen und Komiker, die am laufenden Band ihre kölschen Witze reißen. Nicht zu vergessen ist außerdem die "Berliner Schnauze" ganz im Nordosten des mitteldeutschen Sprachbereichs: "Wenn der mal stirbt, muss die Schnauze extra dotjeschlagen (= totgeschlagen) wern (= werden)"; und auf sein "große Schnauze" ist der Berliner auch noch stolz.

Das oberdeutsche Dialektgebiet umfasst wiederum sehr verschiedene Dialekte. Von der Stuttgarter Gegend bis fast an den Bodensee spricht man schwäbisch. Harte Arbeit ("schaffen"), Sparsamkeit und Hausbau sind für die Schwaben besonders typisch: "Schaffe, Schaffe, Häusle baue und net nach de Mädle schaue", so heißt es in einem bekannten Lied; auffallend am Schwäbischen sind die vielen Verkleinerungsformen (-le) und das fehlendende -n bei den Endungen. Das bairische[3)] Sprachgebiet ist nicht identisch mit dem Land Bayern. In Nordbayern, also um Würzburg und Nürnberg herum, spricht man Fränkisch, was dem Schwäbischen näher steht als dem Bairischen. Andererseits reicht der bairische Dialekt aber auch weit über Bayern hinaus und umfasst Österreich (außer Vorarlberg). Ganz anders ist wiederum das Schwyzerdütsch im deutschsprachigen Teil der Schweiz: Zum Beispiel sagt man dort "Grüezi", in Bayern, Württemberg und Österreich dagegen "Grüß Gott" und anderwo "Guten Tag".

Zu guter Letzt ein Beispiel aus dem Essensbereich, wo die mundartlichen Unterschiede generell besonders auffallend sind. Das sogenannte "deutsche Beefsteak" oder der Hamburger hat in den verschiedenen Sprachbereichen auch viele andere Namen: Frikadelle (im Westen/ Norden), Bulette (um Berlin), Klops (im Osten), Fleischklößchen (Südrand Ostdeutschlands), Fleischküchle (Südwesten/ Franken), Fleischpflanz(e)l (im Südosten Bayerns), Fleischlaiberl, faschiertes

3) In der Mundartforschung schreibt man "bairisch", in politisch-kulturellem Zusammenhang dagegen "bay(e)risch".

Laiberl oder Faschiertes (Österreich), Fleischtätschli oder Hackblätzli (Schweiz); gerade die verschiedenen Verkleinerungsformen [*-chen, -le, -(e)l, -erl, -li*] sind für die südlichen Gegenden typisch. Wenn man allerdings zu einem der amerikanischen Schnellrestaurants geht, fragt man immer am besten nach einem Hamburger (ausgesprochen "Hämbörger"), Cheeseburger ("Tschiesbörger") usw., je nach Lust und Laune.

Alphabetische Liste der unregelmäßiggen Verben

(불규칙 동사표)

° Das Perfekt und Plusquamperfekt diesen bilden süddeutsche, östrreichische und schweizerische Deutschsprecher in der Regel mit "sein" statt "haben".

(° 남독, 오스트리아 그리고 스위스에서 독일어로 말을 하는 사람들은 원칙적으로 이러한 동사들을 "haben" 대신에 "sein"동사로써 현재완료와 과거완료를 만든다.)

Infinitiv	3.Person Sg. Präteritum	3. Person Sg. (hat/ist+Part)	Infinitiv	3.Person Sg. Präteritum	3.Person Sg. (hat/ist+Part.)
abbiegen	bog...ab	ist abgebogen	abfahren	fuhr...ab	ist abgefahren
abreißen	riss...ab	hat/ist abgerissen	abschieben	schob...ab	hat abgeschoben
abschließen	schloss...ab	hat abgeschlossen	abschreiben	schrieb..ab	hat abgeschrieben
abwaschen	wusch...ab	hat abgewaschen	anbieten	bot...an	hat angeboten
anbraten	briet....an	hat angebraten	anerkennen	erkannte...an	hat anerannt
anfangen	fing...an	hat angefangen	angehen	ging...an	ist angegangen
anhalten	hielt...an	hat angehalten	ankommen	kam...an	ist angekommen
annehmen	nahm...an	hat angenommen	anrufen	rief...an	hat angerufen
ansehen	sah...an	hat angesehen	anstoßen	stieß...an	hat angestoßen
anwerben	warb...an	hat angeworben	anziehen (sich)	zog (sich)... an	hat (sich) angezogen
auffallen	fiel...auf	ist aufgefallen	aufheben	hob...auf	hat aufgehoben
aufnehmen	nahm...auf	hat aufgenomen	aufschneiden	schnitt...auf	hat aufgeschnitten
aufschreiben	schrieb...auf	hat aufgeschrieben	aufstehen	stand...auf	ist aufgestanden
aufsteigen	stieg...auf	ist aufgestiegen	aufwachsen	wuchs..auf	ist aufgewachsen
ausblasen	blies...aus	hat ausgestiegen	ausgeben	gab...aus	hat ausgegeben
ausgleichen	glich..aus	hat ausgeglichen	ausleihen	lieh...aus	hat ausgeliehen
ausschlafen	schlief...aus	hat ausgeschlafen	ausschließen	schloss...aus	hat ausgeschlossen
ausschneiden	schnitt...aus	hat ausgeschlafen	aussehen	sah..aus	hat ausgesehen
aussprechen	sprach...aus	hat ausgesprochena	aussteigen	stieg...aus	ist ausgestiegen
aussterben	starb...aus	ist ausgestorben	ausstoßen	stieß...aus	hat ausgestoßen
austrinken	trank...aus	hat ausgetrunken	ausweisen (sich)	wies(sich)... aus	hat(sich) ausgewiesen

Infinitiv	3.Person Sg. Präteritum	3.Person Sg. (haster+Part)	Infinitiv	3.Person Sg. Präteritum	3.Person Sg. hat/ist+Part)
backen	backte	hat gebacken	befinfen sich	befand sich	hat sich befunden
beginnen	begann	hat begonnen	beitragen	trug...bei	hat beigetragen
bekommen	bekam	hat bekommen	beraten	beriet	hat beraten
beschreiben	beschrieb	hat beschrieben	besingen	besang	hat besungen
besprechen	besprach	hat besprochen	bestehen	bestand	hat bestanden
bertreffen	betraf	hat betroffen	betreten	betrat	hat betreten
betrügen	betrog	hat betrogen	beweisen	bewies	hat bewiesen
bewerben sich	bewarb sich	hat sich beworben	beziehen sich	bezog sich	hat sich bezogen
bieten	bot	hat geboten	bleiben	blieb	ist geblieben
braten	briet	hat gebraten	brechen	brach	hat/ist gebrochen
brennen	brannte	hat gebrannten	bringen	brachte	hat gebracht
dahinfliegen	flog...dahin	ist dahingeflogen	da sein	war...da	ist da gewesen
davonfliegien	flog....davon	ist davongeflogen	dazugießen	goss...dazu	hat dazugegossen
denken	dachte	hat gedacht	dranbleiben	blieb...dran	ist drangeblieben
durchziehen	durchzog	hat durchzogen	dürfen	durfte	hat gedurft/dürfen
einbrechen	brach...ein	hat/ist eingebrochen	einfallen	fiel...ein	ist eingefallen
eingehen	ging...ein	ist eingegangen	einladen	lud...ein	hat eingeladen
einschlafen	schlief...ein	ist eingeschlafen	einschließen	schloss...ein	hat eingeschlossen
einschreiben sich	schrieb sich... ein	hat sich eingeschrieben	einsteigen	stieg...ein	ist eingestiegen
eintreten	trat...ein	ist eingetreten	empfehlen	empfahl	hat empfohlen
entlangfahren	fuhr...entlang	ist entlanggefahren	entlassen	entließ	hat entlassen
entscheiden (sich)	entschied (sich)	hat (sich) entschieden	entschließen sich	entschloss sich	hat sich entschlossen
entstehen	entstand	ist entstanden	entwerfen	entwarf	hat ebtworfen
erfahren	erfuhr	hat erfahren	erfinden	erfand	hat erfunden
erhalten	erhielt	hat erhalten	erkennen	erkannte	hat erkannt
erschließen	erschloss	hat erschlossen	erschrecken	erschrak	ist erschrocken
ertrinken	ertrank	ist ertrunken	erziehen	erzog	hat erzogen
essen	aß	hat gegessen	fahren	fuhr	hat/ist gefahren
fallen	fiel	ist gefallen	fangen	fing	hat gefangen
fernsehen	sah...fern	hat ferngesehen	festhalten	hielt...fest	hat festgehalten

Infinitiv	3.Person Sg. Präteritum	3. Person Sg. (hat/ist+Part)	Infinitiv	3.Person Sg. Präteritum	3.Person Sg. (hat/ist+Part.)
° festliegen	lag... fest	hat festgelegen	festnehmen	nahm...fest	hat festgenommen
finden	fand	hat gefunden	fliegen	flog	hat/ist geflogen
fließen	floss	ist geflossen	fressen	frass	hat gefressen
geben (sich)	gab (sich)	hat (sich) gegeben	gefallen	gefiel	hat gefallen
gehen	ging	ist gegangen	gelingen	gelang	ist gelungen
gelten	galt	hat gegolten	genießen	genoss	hat genossen
geraten	geriet	ist geraten	geschehen	geschah	ist geschehen
gewinnen	gewann	hat gewonnen	gießen	goss	hat gegossen
greifen	griff	hat gegriffen	halten (sich)	hielt (sich)	hat (sich) gehalten
° hängen	hing	hat gehangen	heben	hob	hat gehoben
heißen	hieß	hat geheißen	helfen	half	hat geholfen
herbeilaufen	lief...herbei	ist herbeigelaufen	hergeben	gab...her	hat hergegeben
herkommen	kam...her	ist hergekommen	° herumstehen	stand...herum	hat herumgestanden
herunter - kommen	kam... herunter	ist herunter - gekommen	hinausgehen	ging...hinaus	ist hinausgegangen
hinreiten	ritt...hin	ist hingeritten	kaputtgehen	ging...kaputt	ist kaputtegegangen
kennen (sich)	kannte (sich)	hat (sich) gekannt	klingen	klang	hat geklungen
kommen	kam	ist gekommen	können	konnte	hat gekonnt/können
lassen	ließ	hat gelassen/lassen	laufen	lief	ist gelaufen
lesen	las	hat gelesen	° liegen	lag	hat gelegen
liegen bleiben	blieb...liegen	ist liegengeblieben	losfahren	fuhr...los	ist losgefahren
losgehen	ging...los	ist losgegangen	lügen	log	hat gelogen
mitbringen	brachte...mit	hat migebracht	mitfliegen	flog...mit	ist mitgeflogen
mitkommen	kam...mit	ist mitgekommen	mitlesen	las...mit	hat mitgelesen
mitnehmen	nahm...mit	hat mitgenommen	mitziehen	zog...mit	hat/ist mitgezogen
mögen	mochte	hat gemocht/mögen	müssen	musste	hat gemusst/müssen
nachdenken	dachte...nach	hat nachgedacht	nachkommen	kam...nach	hat nachgekommen
nehmen	nahm	hat genommen	nennen (sich)	nannte (sich)	hat (sich) genannt
pfeifen	pfiff	hat gepfiffen	raten	riet	hat geraten
reiben	rieb	hat gerieben	reiten	ritt	hat/ist geritten
riechen	roch	hat gerochen	rufen	rief	hat gerufen
saufen	soff	hat gesoffen	scheinen	schien	hat geschienen

Infinitiv	3.Person Sg. Präteritum	3. Person Sg. (hat/ist+Part)	Infinitiv	3.Person Sg. Präteritum	3.Person Sg. (hat/ist+Part.)
schießen	schoss	hat geschossen	schlafen	schlief	hat geschlafen
schlagen	schlug	hat geschlagen	schließen	schloss	hat geschlossen
schneiden	schnitt	hat geschnitten	schreiben	schrieb	hat geschrieben
schreien	schrie	hat geschrien	schweigen	schwieg	hat geschwiegen
schwimmen	schwamm	hat/ist geschwommen	sehen	sah	hat gesehen
sein	war	ist gewesen	senden	sandte	hat gesandt/gesendet
singen	sang	hat gesungen	° sitzen	saß	hat gesessen
sollen	sollte	hat gesollt/sollen	spazieren gehen	ging... spazieren	ist spazieren gegangen
sprechen	sprach	hat gesprochen	springen	sprang	ist gesprungen
stattfinden	fand...statt	hat stattgefunden	° stehen	stand	hat gestanden
stehen lassen	ließ stehen	hat stehen (ge)lassen	stehlen	stahl	hat gestohlen
steigen	stieg	ist gestiegen	sterben	starb	ist gestorben
stoßen	stieß	hat/ist gestoßen	streichen	strich	hat gestrichen
streiten	stritt	hat gestritten	teilnehmen	nahm...teil	hat teilgenommen
tragen	trug	hat getragen	treffen (sich)	traf (sich)	hat (sich) getroffen
treiben	trieb	hat getrieben	trinken	trank	hat getrunken
tun	tat	hat getan	übernehmen	übernahm	hat übernommen
umgehen	ging...um	ist umgegangen	umherlaufen	lief...umher	ist umhergelaufen
umschreiben	umschrieb	hat umschrieben	umsehen sich	sah (sich)...um	hat (sich) umgesehen
umsteigen	stieg...um	ist umgestiegen	unterbrechen	unterbrach	hat unterbrochen
untergehen	ging...unter	ist untergegangen	unterhalten (sich)	unterhielt (sich)	hat (sich) unterhalten
unternehmen	unternahm	hat unternommen	unterscheiden	unterschied	hat unterschieden
verbieten	verbot	hat verboten	verbinden	verband	hat verbunden
verbringen	verbrachte	hat verbracht	vergehen	verging	ist vergangen
vergessen	vergaß	hat vergessen	vergleichen	verglich	hat verglichen
verlassen (sich)	verließ (sich)	hat (sich) verlassen	verlaufen	verlief	ist verlaufen
verlieren	verlor	hat verloren	verraten	verriet	hat verraten
verschreiben	verschrieb	hat verschrieben	verschwinden	verschwand	ist verschwunden

Infinitiv	3.Person Sg. Präteritum	3. Person Sg. (hat/ist+Part)	Infinitiv	3.Person Sg. Präteritum	3.Person Sg. (hat/ist+Part.)
verstehen (sich)	verstand (sich)	hat (sich) verstanden	vertreten	vertrat	hat vertreten
vorbeigehen	ging...vorbei	ist vorbeigegangen	vorbeikommen	kam...vorbei	ist vorbeigekommen
vorhaben	hatte...vor	hat vorgehabt	vorlesen	las...vor	hat vorgelesen
vorschlagen	schlug...vor	hat vorgeschlagen	vorübergehen	ging...vorüber	ist vorübergegangen
wachsen	wuchs	ist gewachsen	waschen (sich)	wusch(sich)	hat (sich)gewaschen
weg sein	war...weg	ist weg gewesen	wegfahren	fuhr ...weg	ist weggefahren
wegfallen	fiel...weg	ist weggefallen	wegfliegen	flog...weg	ist weggeflogen
weggehen	ging...weg	ist weggegangen	wegwerfen	warf...weg	hat weggeworfen
wehtun	tat...weh	hat...wehgetan	weiterfahren	fuhr...weiter	ist weitergefahren
weiterfliegen	flog...weiter	ist weitergeflogen	weitergehen	ging...weiter	ist weitergegangen
weiterschreiben	schrieb... weiter	hat weitergeschrieben	weitersprechen	sprach... weiter	hat weitergesprochen
wenden	wandte/ wendete	hat gewandt/ gewendet	werden	wurde	ist geworden
werfen (sich)	warf (sich)	hat (sich) geworfen	widersprechen	widersprach	hat widersprochen
wieder erkennen	erkannte... wieder	hat wieder erkannt	wiedergeben	gab... wieder	hat wiedergegeben
wissen	wusste	hat gewusst	wollen	wollte	hat gewollt/wollen
ziehen	zog	hat/ist gezogen	zukommen	kam...zu	ist zugekommen
zulaufen	lief...zu	ist zugelaufen	zurechtfinden sich	fand sich... zurecht	hat sich zurechtgefunden
zurückbringen	brachte... zurück	hat zurückgebracht	zurückfliegen	flog... zurück	ist zurückgeflogen
zurückfließen	floss...zurück	ist zurückgeflossen	zurückgehen	ging...zurück	ist zurückgegangen
zurückkommen	kam...zurück	ist zurückgekommen	zurückrufen	rief...zurück	hat zurückgerufen
zurückwerfen	warf...zurück	hat zurückgeworfen	zusammen-binden	band... zusammen	hat zusammengebunden
zusammen-bringen	brachte... zusammen	hat zusammengebracht	zusammen-kommen	kam... zusammen	ist zusammengekommen

Infinitiv	3.Person Sg. Präteritum	3. Person Sg. (hat/ist+Part)	Infinitiv	3.Person Sg. Präteritum	3.Person Sg. (hat/ist+Part.)
zusammen sein	war... zusammen	ist zusammen gewesen	° zusammen-sitzen	saß... zusammen	hat zusammengesessen
° zusammen-stehen	stand... zusammen	hat zusammengestanden	zuwachsen	wuchs...zu	ist zugewachsen

Lektion
<본문 번역>

Lektion 1

1. 안녕하십니까, 저는 류아려입니다.

A: 안녕하십니까(낮), 저는 류아려입니다.
B: 안녕하십니까, 제 이름은 브리기테 바우어입니다.

A: 당신은 어떻게 불리워집니까? (= 이름이 무엇이지요?)
B: 저는 박찬호라 불리워집니다(박찬호입니다).

A: 이 분은 누구입니까?
B: 이 분은 빌게 아카얄입니다.
C: 뭐라고요? 저는 이해하지 못합니다.

D: 안녕히 가십시오! (다시 만나기를 기대하며!)

2. 죄송합니다만, 당신이 마이어 씨입니까?

A: 죄송합니다만, 당신이 마이어 씨입니까?
B: 아닙니다, 저는 페터 바이스입니다.
A: 예.

3. 누가 김 씨입니까?

A: 누가 김 씨입니까?
B: 저입니다.
A: 그리고 이 씨(부인)는? 당신이 이 씨입니까?
B: 아닙니다, 저는 박입니다.
A: 당신이 이 씨입니까?
C: 예, 제가 그러합니다.(제가 이입니다.)

4. 철자를 말해 보세요!

A: 제 이름은 흘라젝 밀레나입니다.
B: 뭐라고요? 라아아젝, 라아아아젝? 어떻게 쓰지요?
A: 처음에 하(Ha)로 시작합니다.
B: 아 예, 하아젝.
A: 아닙니다, HL(하엘)로 시작하는 흘라젝.
B: 죄송합니다. 저는 이해하지 못합니다. 철자를 말해 보세요.
A: H-L-A-S-E-K(하, 엘, 아, 에스, 에, 카).
B: 아 예, H와 L로 시작하여, 흘라젝 밀레나.

5. 네 이름은?

A: 할로, 나는 카타리나야, 네 이름은?
B: 나는 크리스티안.

A: 안녕(낮), 난 파울(남자)이야.
그런데 넌 누구니?
B: 난 아려(여자)야.

6. 안녕하십니까?

A: 아, 바이스 씨, 안녕하십니까?(아침)
B: 안녕하십니까, 쉬바르츠 씨.
어떻게 지내시지요?
A: (안부를 물어주셔서) 감사합니다, 좋습니다. 그런데 당신은 어떻게 지내십니까?
B: 감사합니다. 저 역시 좋습니다.

A: 안녕(저녁), 카타리나.
B: 할로, 한스.
A: 요사이 어때?
B: 그냥 그래. 그런데 넌?
A: 아주 좋아.

A: 안녕, 게르트.
B: 안녕, 다니엘. 요사이 어때?
A: 난 아주 좋아. 그런데 넌?
B: 그렇게 좋진 않아.

Lektion 2

1. 당신은 어디에서 왔습니까?

A: 안녕하십니까(낮), 제 이름은 류아려입니다.
저는 한국에서 왔습니다. 그런데 당신은 어디에서 왔습니까?
B: 독일에서 왔습니다(독일 출신입니다).

A: 저는 미국에 있는 애틀란타에서 왔습니다.
그런데 당신은 어디에서 왔습니까?
B: 저는 일본에서 왔습니다. 도쿄 출신입니다.
C: 저는 스페인에서 왔습니다.
D: 저는 중국 출신입니다.

2. 이 분은 누구입니까?

A: 이 분은 누구입니까?
B: 이 분은 나폴레옹입니다.

A: 그는 어디에서 왔습니까?
B: 그는 프랑스 출신입니다.

A: 이 분은 누구입니까?
B: 이 분들은 딕과 도프입니다.
A: 이 분들은 어디에서 왔습니까?
B: 이 분들은 미국 출신입니다.

3. 죄송합니다만, 이 분이 마리린 몬로입니까?

A: 죄송합니다만, 이 분이 마리린 몬로입니까?
B: 아닙니다, 이 분은 클레오파트라입니다.
A: 그녀는 어디에서 왔습니까?
B: 그녀는 이집트 출신입니다.

A: 죄송합니다, 파블로 피카소 씨는 포르투갈 출신입니까?
B: 아닙니다, 그는 스페인 출신입니다.

4. 당신은 지금 어디에서 살고 있습니까?

A: 최 씨(부인), 당신은 서울 출신이지요?
그런데 당신은 지금 어디에서 살고 있습니까?
B: 예, 맞습니다. 저는 한국 출신입니다.
그러나 저는 지금 쾰른에서 살고 있습니다.
A: 당신은 이곳에서 일을 합니까?
B: 아닙니다, 저는 일을 하지 않습니다.
저는 쾰른 대학교에서 전기공학을 공부하고 있습니다.

5. 어떻게 쓰지요?

A: 당신은 어떻게 불리어집니까(이름이 무엇입니까)?
B: 류아려입니다.
A: 당신의 성은 무엇입니까?
B: 류입니다.
A: 어떻게 쓰지요? 철자를 말해 보세요!
B: R-Y-U. (에르-입실론-우)
A: 그리고 당신의 이름은?
B: 아려입니다. A-H - R-I-O(아-하 - 에르-이-오)
A: 그리고 어디에서 삽니까?
B: 뮌헨에서.
A: 당신의 주소는?
B: 옴 가 18번지, 8000뮌헨 40입니다.

6. 당신은 기혼(결혼 한) 상태입니까?

다음의 문장을 읽으세요!
페터 바이스는 로스톡에서 왔습니다. 그는 지금 베를린에서 살고 있습니다. 그는 54세입니다. 그는 지멘스(회사)에서 일하고 있습니다. 그는 결혼을 했으며(기혼 상태이며) 두 아이를 가지고 있습니다.

A: 바이스 씨는 어디에서 왔습니까?
B: 그는 로스톡 출신입니다.
A: 그는 지금 어디에서 살고 있습니까?
B: 베를린에서 살고 있습니다.
A: 그는 몇 살입니까?
B: 그는 54살입니다.
A: 그는 기혼 상태입니까? (결혼을 했습니까?)
B: 예, 그는 기혼 상태입니다.
A: 아이가 있습니까?
B: 그는 두 명의 아이를 가지고 있습니다.
A: 그는 일을 합니까?
B: 예, 그는 베를린에 있는 지멘스(회사)에서 일을 합니다.

Lektion 3

1. 당신의 직업은 무엇입니까?

A: 저는 여교사입니다. 그런데 당신의 직업은 무엇입니까?
B: 저는 회사원(남자)입니다. 그런데 당신은?
C: 저는 아직도 (대학에서) 공부하고 있습니다. 저는 여대생입니다.

A: 안녕하십니까(저녁). 저는 페터 좀머펠트입니다.
저는 리포터입니다. 질문을 하나 해도 되겠습니까?
B: 예, 그렇게 하십시오.
A: 당신의 이름은 무엇입니까?
B: 저는 미하엘 바이스입니다.
A: 당신은 어디에서 오셨습니까?
B: 저는 함부르크에서 왔습니다.
A: 그리고 어디에서 삽니까?
B: 저는 지금 뮌헨에서 삽니다.
A: 당신은 몇 살입니까?
B: 저는 43살입니다.
A: 당신은 기혼 상태입니까?
B: 예, 저는 기혼 상태입니다.
A: 당신의 직업은 무엇입니까?
B: 저는 자동차 정비사입니다.
A: 감사합니다.
B: 괜찮습니다.

2. 당신은 여기에 새로 오셨습니까? (회사의 구내식당에서)

A: 안녕하십니까(낮), 여기에 자리가 비어있습니까?

B: 예, 앉으십시오.

A: 당신은 여기에(이 회사에) 새로 오셨습니까?

B: 아닙니다. 저는 이미 5개월 동안 여기서 일하고 있습니다.

A: 아 그렇습니까, 그런데 무슨 일을 하시지요? (직업이 무엇입니까?)

B: 저는 여비서입니다. 그런데 당신은?

A: 저는 그래픽 도안가(여)입니다.
그리고 저는 카린 샤우만입니다.

B: 당신을 알게 되어 기쁩니다.
저는 리타 쿠르츠입니다.

3. 당신에게 최 씨(부인)를 소개해도 되겠습니까?

A: 베버 부인, 당신에게 최 씨(부인)를 소개해도 되겠습니까?
최 씨는 한국에서 왔습니다. 이 분은 뮌헨에서 전기공학을 공부하고 있습니다.

B: (당신을 알게되어) 기쁩니다.

C: 당신을 알게되어 기쁩니다.

B: 최 씨(부인), 당신은 어디에서 삽니까?

C: 저는 지금 한 대학생 기숙사에서 삽니다.
그런데 당신의 직업은 무엇입니까?

B: 저는 여교사입니다. 당신은 독일어를 벌써 잘 하고 있군요.
그 외에도 이 분이 저의 남편입니다.
저의 남편은 Müller & Co 회사에서 전기공학자로 일하고 있습니다.

C: (당신을 알게되어) 기쁩니다.

D: 오히려 저의 쪽에서 그러합니다.

4. 너 여기서 무엇을 하고 있지?

A: 할로 페터.

B: 안녕, 민수. 너 여기서 무엇을 하고 있지?

A: 난 여기서 독일어를 배우고 있어. 난 빈에서 음악을 공부하려고 해.

B: 아 그래. 그리고 이 분이 나의 여 선생님이야, 베버 부인.

C: 안녕하십니까?

A: (당신을 알게되어) 기쁩니다. 저는 김민수입니다.

C: 당신은 중국에서 왔습니까?

A: 아닙니다. 저는 한국에서 왔습니다.

C: 당신은 독일어를 아주 잘 합니다.

A: 감사합니다. 그럭저럭 하지요.

6. 남원 출신 이몽룡

A: 당신의 성은?

B: 이.

A: 이름은?

B: 몽룡.

A: 거주지는?
B: 뭐라고요?
A: 당신은 어디에서 삽니까?
B: 한양에서.
A: 출생일은?
B: 뭐라고요?
A: 당신은 언제 태어났지요?
B: 77년 7월 7일.
A: 출생지는?
B: 뭐라고요?
A: 당신은 어디에서 태어났지요?
B: 남원에서.
A: 기혼 상태입니까?
B: 예.
A: 당신 부인의 이름은?
B: 춘향, 출생시의 성은 성.
A: 당신은 말하자면 이 씨이며 –
거주지는 한양이고 –
남원에서 출생했으며 –
이춘향 씨와 기혼 상태라 –
출생시의 성은 성 씨이고 –
B: 맞습니다.
A: 아이도 있습니까?
B: 아니요, 아직도 없습니다.
A: 그리고 무슨 일을 하지요?
B: 뭐라고요?
A: 당신의 직업은 무엇이지요?
B: 그건 말할 수 없습니다.
(저는 암행어사입니다.)
A: 아 그렇습니까.

Lektion 4

1. 오늘 저녁에 시간이 있습니까?

A: 오늘 저녁에 시간이 있습니까?
당신을 식사에 초대하고 싶습니다.
B: 예, 기꺼이 응하겠습니다.
A: 정각 6시에 당신을 (자동차로) 모시러와도 되겠습니까?
B: 좋습니다(알겠습니다). 다시 만나기를 기대하며(안녕히 가십시오).

A: 다시 만나기를 기대하며. 나중에 뵙겠습니다.

A: 안녕하십니까(낮), 바이스 부인.
B: 안녕하십니까, 쉬바르츠 씨. 어떻게 지내시지요?
A: 감사합니다. 좋습니다. 아 월요일 저녁에 혹 시간이 있으신지?
포도주 한 잔에 당신을 초대하고 싶습니다.
B: 기꺼이 응하겠습니다. 언제 그곳에 가야합니까?
A: 약 7시 경.
B: 예, 기꺼이 가겠습니다. 초대해 주셔서 대단히 감사합니다.

2. 이렇게 와 주셔서 참으로 친절합니다.
A: 안녕하십니까(저녁), 김 씨(부인). 안녕하십니까, 김 씨.
이렇게 와 주셔서 참으로 친절합니다.
안으로 들어오십시오.
B,C: 안녕하십니까, 바이스 부인.
A: (외투를) 벗어세요.
그리고 자리에 앉으세요.
무엇을 권할까요, 꼬냑, 셰리, 포도주, 주스 ...?
B: 꼬냑을 주십시오.
C: 저에게는 사과주스를 주십시오.

3. 맛있게 드십시오!(좋은 식욕이 있으시길!)
A: 식사하러 이 식탁으로 오십시오.
자리에 앉으시고, 마음껏 드십시오!
맛있게 드십시오!(좋은 식욕이 있으시길!)
B: 바이스 부인, 수프 맛이 아주 좋습니다.
당신은 요리를 정말로 잘 하십니다.
A: 감사합니다.
김 씨(부인), 고기를 좀 더 드시지요.
C: 감사합니다만, 저는 충분합니다.
A: 후식으로 생크림을 곁들인 아이스크림이 있습니다.

A: 맛있게 먹어.
B: 고마워, 너도 역시.
A: 너 감자샐러드 이미 맛보았어? 이 샐러드는 맛이 좋아!
B: 그래, 바로 그것을 맛보겠어. 그런데 너도 역시 그리스 샐러드 한 번 먹어봐 ...
A: 그리고 이 신선한(갓 구운) 빵도! 정말 좋아!
B: 너 이 라자너(고리 모양의 넓은 국수)도 맛보았어?
이건 그렇게 특별하진 않아 ...
A: 너, 내가 고기를 먹지 않는다는 것을 알고 있지?
B: 그렇다면 이건 너에게 바로 맞는 거야, 이건 식물로 만든 거야.
A: 뭐라고? 맛 좀 보게 내버려둬!
B: 그런데 어때?

A: 훌륭해! 나도 한 조각 가져와야겠어 ...
B: 우리 이제 한 번 마시자, 건배!
A: 건배!

4. 너 오늘 저녁에 벌써 뭔가 계획이 있니?

A: 말해 봐, 너 오늘 저녁에 벌써 뭔가 계획이 있니?
B: 그런데 왜?
A: 난 영화 한 편을 보고 싶어.
너 가고 싶어?
B: 그래, 기꺼이. 영화는 언제 시작하지?
A: 9시에.
B: 좋아. 그러면 우리 8시 45분에 만나자.
됐어(OK)?
A: 좋아 그때 봐.

A: 너 오늘 저녁에 이미 뭔가 계획이 있니?
B: 아니야 없어. 아직 잘 모르겠어 ...
A: 난 맥주 한 잔을 하러 가고 싶어.
너도 같이 갈래?
B: 미안하지만, 난 맥주 마시고 싶지 않아.
A: 유감이야.
B: 어쩌면 다음에.
A: 그래 좋아 – 그럼 안녕.
B: 안녕.

Lektion 5

1. 우리는 아직도 무엇을 필요로 하지요?

A: 우리는 아직도 무엇을 필요로 하지요?
B: 우유, 요구르트, 잼, 쌀, 닭 한 마리.
A: 그런데 얼마나 필요로 하지요?
B: 우유 팩 두 개, 요구르트 (잔처럼 생긴 용기에 든 것) 네 개, 잼 (글라스 모양의 용기에 든 것) 하나, 쌀 세 봉지와 닭 한 마리.
A: 그리고 사과와 양파도 필요로 하지요?
B: 예. 저쪽에 과일과 야채가 있습니다.
A: 사과는 얼마나(몇 개나) 필요로 하지요?
B: 네 개면 충분합니다.
양파도 넣었어요(가졌어요)?
A: 예, 2kg을 넣었어요.

우리 토마토를 아직 갖고 있습니까?
B: 예, 아직도 충분하게 갖고 있어요.
A: 아 그래요. 내 생각엔, 우린 지금 모든 것을 다 산 것 같아요.
B: 잠깐만(멈춰 봐)! 마실 것이 빠졌어요.
A: 맞아요. 포도주와 맥주가 필요해요.
B: 맥주 한 상자와 백포도주 두 병이 필요해요.
A: 이것으로 충분해요. 우리 계산대에서 돈을 지불합시다.

2. 에바와 한스 카우프만 씨 댁에 손님이 오다.

에바와 한스 카우프만은 뮌헨에서 살고 있다.
에바는 여비서이고, 한스는 교사이다.
오늘 저녁에 그들에게 손님들이 오신다. 지금 이들은 수퍼마켓에 있다.
A: 오늘 저녁을 위해서 우리 무엇을 필요로 하지요? (무엇을 사지요?)
B: 흑빵 하나와 흰빵(밀가루 빵) 두 개, 참치 통조림 네 개,
치즈, 토마토와 파인애플 하나.
A: 살라미 소시지가 여기 있군요.
B: 아니요, 우린 더 이상 소시지를 필요로 하지 않아요.
집에 충분히 있어요.
A: 우리 아직도 포도주를 필요로 합니까?(포도주가 필요해요?)
B: 아니요, 우린 아직도 적포도주 두 병이 있어요.
그런데 맥주는 없어요.
A: 담배(권연)는 충분합니까?
B: 예. 마리온은 담배를 피우지 않고, 안드레아스는 권연을 피우지 않아요.
그는 파이프 담배를 피워요.

여자 계산원이 말합니다.
A: 16유로입니다.
B: 10, 15, 16. 여기에 있습니다.
A: 감사합니다. 안녕히 가십시오.

3. 소시지와 육류코너

A: 예, 무엇을 원하시지요?
B: 200g의 돼지 필레고기(를 필요로 합니다).
A: 그 외에 또 원하시는 것은?
B: 반 파운드의 햄. (1파운드는 500g)
A: 생고기 아니면 조리(調理)된 것, 어떤 것을 원합니까?
B: 조리된 것을 주세요.
A: 큰 조각으로 드릴까요, 잘라서 드릴까요?
B: 잘라서 주세요.
A: 약간 더 많아도 되겠습니까?
B: 네, 괜찮습니다.
A: 그리고 더 원하시는 것은?

B: 100, 아니, 차라리 150g의 얇게 썬 소시지를 주세요.
A: 그 외에 원하시는 것은?
B: 감사합니다. 이것으로 충분할 것 같습니다.
A: 아 예, 여기에 있습니다.
B: 감사합니다.

4. 빵 가게에서

A: 무엇을 원하시지요?
B: 흑빵 하나를 주세요. 이건 오늘 구운 것이지요?
A: 예 예, 아주 갓 구운 것입니다. 그 외에 원하시는 것은?
B: 두 개의 모온브레트헨(양귀비 씨앗을 뿌린 빵)과 세 개의 브레첼(소금을 뿌린 8자 모양의 비스킷 과자).
A: 두 개의 모온과 세 개의 브레첼이라.
그 외에 원하시는 것은?
B: 저 뒤쪽에 있는 저건 무슨 빵입니까?
A: 통밀빵입니다. 저기에 있는 큰 것은 해바라기씨가 들어있는 것이지요.
B: 그리고 저것은?
A: 저건 호두가 들어있는 것입니다.
B: 저것을 사겠습니다. 반쪽만 살 수도 있습니까?
A: 예, 물론입니다. 그 외에 또?
B: 이것으로 충분할 것 같아요.
A: 4유로 30입니다.
30센트를 혹 갖고 계십니까?
B: 잠깐, 예 여기에 있습니다.
A: 감사합니다. 6유로를 받으십시오.
B: 감사합니다. 비닐 봉지 하나를 혹 갖고 계십니까?
A: 예, 물론입니다. 여기에 있습니다.
B: 감사합니다. 안녕히 계십시오.
A: 안녕히 가십시오.

Lektion 6

레스토랑에서

1. 우리는 주문하고 싶습니다.

A: 우리는 (음식을) 주문하고 싶습니다.
B: 무엇을 주문하시겠습니까?
A: 저는 야채 수프와 커틀릿을 먹고 싶습니다.
B: 그리고 무엇을 마시겠습니까?
A: 적포도주 한 잔.

B: 그리고 당신은? 당신은 무엇을 주문하고 싶습니까?
C: 비엔나 슈니첼(송아지고기 커틀릿). 하지만 폼 프리트(감자 튀김) 말고, 오히려 밥이 더 좋겠습니다. 그렇게 되겠습니까?
B: 예, 물론입니다!
그리고 당신은 무엇을 마시겠습니까?
C: 맥주 한 잔.

2. 웨이터, 계산서 부탁합니다.

A: 웨이터, 계산서 부탁합니다. 우리는 (음식값을) 지불하고자 합니다.
B: 여기에 있습니다. 함께 아니면 각자(더치 페이) 지불하시겠습니까?
A: 각자 지불하겠습니다.
B: 그러면 당신은 무엇을(무슨 음식값을) 지불합니까?
A: 저는 야채 수프, 커틀릿 그리고 적포도주 값을 지불합니다.
B: 9유로 50(센트)입니다.
C: 그리고 저는 밥을 곁들인 비엔나 슈니첼과 맥주 한 잔 값을 지불합니다.
B: 7유로 10(센트)입니다.

3. 잠깐만, 즉시 오겠습니다.

A: 죄송합니다만.
B: 잠깐만, 즉시 오겠습니다.
무엇을 주문하시겠습니까?
A: 오늘의 메뉴가 무엇입니까?
B: 국수 수프와 감자와 샐러드를 곁들인 사냥꾼 슈니첼입니다.
A: 좋습니다. 이 메뉴를 선택하겠습니다.
감자 대신에 폼 프리트를 먹을 수 있을까요?
B: 유감스럽지만, 안됩니다. 그리고 무엇을 마시겠습니까?
A: 필스 맥주 한 잔.
여기서 전화를 걸 수 있는지 말해 주시겠습니까?
B: 예 물론입지요. 입구에 전화기가 있습니다.
A: 감사합니다.

4. 맛이 있었습니까?

A: (음식이) 맛있었습니까?
B: 아주 좋았습니다. 감사합니다.
값을 지불하고 싶습니다.
A: 당신은 오늘의 메뉴와 필스 한 잔 값을 지불하지요?
B: 예, 맞습니다.
A: 5유로 20(센트)입니다.
B: 여기에 6유로입니다.
A: 감사합니다.
B: 죄송합니다만, 화장실은 어디에 있습니까?
A: 저 건너편 계단 밑 왼쪽에 있습니다.
B: 감사합니다.

A: 괜찮습니다.

카페에서

1. 죄송합니다만, 여기에 빈 좌석 두 개가 있습니까?

A: 죄송합니다만, 여기에 빈 좌석 두 개가 있습니까?
B: 예 그럼요, 여기에는 아직도 모두가 다 비어있습니다.
A: 담배를 피워도 방해가 되지 않겠습니까?
B: 괜찮습니다, 전혀 괜찮습니다.
무엇을 드릴까요?
A: 저는 커피 한 잔을 마시고 싶습니다.
쿠헨(케이크)은 어떤 종류들이 있습니까?
B: 사과 쿠헨, 호두 쿠헨, 치즈 쿠헨이 있습니다.
A: 그러면 저는 호두 쿠헨 한 조각을 먹고 싶습니다.
C: 저에겐 사과 쿠헨과 뜨거운 쵸코릿 한 잔을 주세요.
B: 그 외에도 무언가 드시고 싶은 것이 있습니까?
C: 여기에서도 무언가 음식을 먹을 수 있습니까?
B: 예. 치즈, 샐러드, 토마토를 곁들인 바게트빵(긴 막대형 빵) 그리고 스파게티를 먹을 수 있습니다.
C: 그러면 저에게 스파게티 하나와 작은 샐러드를 주세요.
A: 저에겐 치즈와 토마토를 곁들인 바게트빵을 주세요.

A: 여보세요, 여기에!
값을 지불하고 싶습니다.
B: 함께 아니면 각자 지불하시겠습니까?
A: 함께!
B: 각자!
A: 함께. 제가 당신을 초대합니다(제가 당신의 음식값을 지불합니다).
B: 감사합니다.
C: 그러니까, 커피 한 잔, 호두 쿠헨, 사과 쿠헨 그리고 쵸코릿 한 잔, 스파게티 하나와 작은 샐러드, 치즈와 토마토를 곁들인 바게트빵. 함께 계산하여 19유로입니다.
A: 20유로.
C: 감사합니다.

Lektion 7

1. 탑 안의 주택

A: 프롭스트 씨, 당신은 탑 안에서 살고 계시지요 ...
B: 예, 맞습니다. 저는 이곳 베른의 대성당 안에, 말하자면 시 중심에서 살고 있습니다.
이는 마치 동화 속에서와 같이 들리지만, 사실입니다.

저는 말하자면 탑 경비원이고 관광객들에게 입장권을 팔고 있으며
이들에게 베른에 대해 무언가를 이야기해 주고 있습니다.

A: 그러면 이 탑은 높이가 얼마나 됩니까?

B: 이 탑은 정확하게 100 미터입니다.
그렇지만 저는 저의 부인과 함께 약 50미터 높이에 있는 이 위에서 살고 있습니다.

A: 얼마나 오랫동안 사셨습니까?

B: 10년 전부터. 그리고 여전히 (여기에서 사는 것이) 우리들의 마음에 듭니다. 전망이 아주 훌륭합니다.

A: 그러면 이 주택은 크기가 얼마나 됩니까?

B: 이건 방 네 개의 주택인데, 상당히 크지요, 약 200평방미터입니다.
우리는 세 개의 방과 사무실 하나, 그리곤 부엌, 목욕탕, 화장실 ...
그리고 아주 멋진 전망을 가진 테라스 하나를 갖고 있습니다.

A: 지하실도 있습니까?

B: 뭐라고 말씀하셨지요? 하하!

A: 그리고 얼마나 자주 장보러 가시지요?

B: 매일마다 우리는 이 층계를 오르내리고 있지요. 저는 이것을 매일 대부분 네 번이나 오르내리지요-
이렇게 하면 약 천 개의 계단을 오르내리는 것입니다.
그렇지만 이건 건강하게 하지요, 그래서 저는 이렇게 건강한 몸의 상태를 유지하고 있습니다.

2. 새 주택

①

A: 이 거실은 아주 독창적입니다(기묘합니다).

B: 독창적이라고요? 저에겐 전혀 마음에 들지 않습니다. 여기엔 아무 것도 어울리지 않아요!
자 한 번 보세요. 소파는 검은색으로 둥글고, 안락의자는 푸른색에 모가 나있고 – 이건 있을 수 없어요.
그리고 층계는 노란색이며, 바닥은 푸르고, 게다가 나무로 만든 가구들, 그리고 저 위 천장에는 환풍기(선풍기)가 달려 있다니 – 끔찍합니다!

②

A: 죄송합니다만, 화장실은 어디에 있습니까?

B: 뭐라고요?

A: 저는 화장실을 찾고 있습니다.

B: 아 그렇습니까. 복도에 있습니다, 두 번째 문 오른쪽에.

A: 감사합니다.

③

A: 저것 좀 봐, 저기 벽에 있는 포스터와 사진들을!
저것들이 네 마음에 드니?

B: 아 그럼. 저기에 있는 저것은 나도 갖고 있어.

A: 그리고 이 그림들 – 상당히 오래된 것이야. 이것들은 진품일까?

B: 나는 그렇게 생각하지 않아.

A: 그리고 저기에, 반 고흐의 그림이야!

B: 대관절 어디에 있어?

A: 저 뒤에, 침실 안에.

B: 아 그래, 저건 황색의 방이야.

④

A: 멋져, 정말로 멋져. 축하해!

B: 그래, 이건 우리 마음에도 들어. 그러나 여기 이 사무실 안은 아직도 정돈되지 않았어.
여기에 우린 컴퓨터를 놓고, 저곳에 서가(書架)들을 놓을 거야.
자, 그러면 우린 거의 완료하지.
그러면 부엌이 아직 남게 되는데 ...

3. 거실이 아주 환상적이야.

A: 너, 거실이 아주 환상적이야.

B: 그렇게 생각해?

A: 그래, 아주 안락해, 그리고 가구들도 대단히 아름다워.
이것들은 다 새 것인가?

B: 모두는 아니야, 단지 (옷, 찬)장, 긴 소파 그리고 의자들만 새 것이야.

A: 안락의자들과 탁자는 새 것이 아니지?

B: 응, 이것들은 낡은 것들이야.

A: 그리고 이 전등, 이건 아주 멋져. 내 맘에 들어.

B: 이리와, 여기가 목욕탕이야.

4. 이 부엌은 값이 얼마입니까?

엘레나와 하인츠는 일주일 전부터 시 중심부에 새 집을 가졌다.
이들은 한 (주방가구) 상점에 들어간다. 이들은 무언가를 사려고 한다.

A: 이 부엌은 값이 얼마입니까?

B: 약 3,000유로입니다.

C: 아주 비싸군요.

A: 이건 레인지가 포함된 가격입니까?

B: 아닙니다, 레인지는 여기에 포함되지 않았습니다.

C: 이 레인지는 대관절 값이 대략 얼마입니까?

B: 400에서 1,000유로 사이입니다.

A: 그렇다면 전체가 약 3,500유로 되겠군요?

B: 예, 이 찬장들을 제외하고, 이것들은 거기에 포함되어 있지 않습니다.
그러나 보십시오, 이 부엌은 밝고 현대적입니다.
대단히 실용적이지요. 충분한 찬장들, 두 개의 (싱크대의) 물받이통(개수대), 요리를 하기 위한 많은 공간.

A: 아 그렇군요, 그래도 ...

B: 말하자면 4,000유로(를 지불하면), 그러면 부엌이 완비되겠군요.

C: 예, 대략 그렇군요 – 단지 저 접시세척기는 ...
그 외에 또 질문하실 것이 있습니까?

A: 예, 플라스틱으로 만든 싼 부엌의자들도 있습니까?

Lektion 8

여행 안내소에서

1. 저는 목욕탕이 있는 싱글룸을 찾고 있습니다.

A: 안녕하십니까(낮).
저는 하루 밤에 약 50유로 하는 목욕탕이 있는 싱글룸을 찾고 있습니다.
저에게 무언가 추천해 주시겠습니까?
B: 시 중심지 아니면 오히려 외곽에서 기거하시길 원하시는지?
A: 가능하다면 시 중심에서.
박람회 장소 근처에 있는 한 호텔이면 가장 좋겠습니다.
B: 거기에는 피어야레스차이텐(사계절) 호텔이 있습니다.
싱글룸이 90유로입니다.
A: 90유로, 그건 너무 비쌉니다.
가까운 곳에 더 싼 것은 없습니까?
B: 슈테른(별) 호텔이 거기에 있습니다.
이 호텔은 약간 더 쌉니다. 70유로입니다.
A: 아침식사가 포함됩니까 아니면 포함되지 않습니까?
B: 아침식사가 포함됩니다.
A: 그 호텔은 조용한 위치에 있습니까?
B: 아닙니다, 그 호텔은 약간 시끄럽습니다.
A: 그 (호텔)방은 발코니가 있습니까?
B: 예, 발코니가 있습니다.
A: 좋습니다, 그러면 저는 그 호텔을 잡겠습니다.
당신이 그곳에 혹 전화를 걸어서 저를 위해 예약하실 수 있습니까?
B: 예, 물론입니다. 잠깐만.

2. 저는 2인용 룸을 찾고 있습니다.

A: 우리는 약 60유로 하는 2인용 룸을 찾고 있습니다.
우리에게 무언가 추천하시겠습니까?
B: 예, 슐로스 호텔이 있습니다.
2인용 룸이 100유로입니다.
A: 100유로, 그건 너무 비쌉니다.
B: 그렇다면 발트하우스 호텔이 있습니다.
이 호텔은 약간 쌉니다. 80유로입니다.
A: 좀 더 싼 호텔은 없습니까?
B: 좀 더 싼 호텔이라? 그러면 오아제 여관이 있습니다.
이 여관은 더 쌉니다. 단지 60유로입니다.
A: 이 여관은 조용한 위치에 있습니까?
B: 예, 아주 조용합니다. 이 여관은 숲 속에 있습니다.
A: 시 중심지에서 얼마나 떨어져 있습니까?
B: 약 5 km.
그러나 자동차로 단지 10분 걸립니다.

A: 그곳에서도 음식을 먹을 수 있습니까?
B: 예, 물론입니다.
A: 좋습니다, 이 방을 우리는 갖겠습니다.

호텔 후론트에서

1. 저는 예약을 했습니다.

A: 안녕하십니까(저녁).
B: 안녕하십니까. 저는 예약을 했습니다.
정이라는 이름으로 2인용 룸을 예약했습니다.
A: 뭐라고요? 죄송합니다만, 성함이 어떻게 되시지요?
B: 정, C-H-E-U-N-G.
A: 아 예, 한국에서 오신 정 교수 박사님. 방번호가 111호입니다.
여기에(숙박계에) 기재해 주시겠습니까?
B: 예.
A: 감사합니다. 여기에 당신의 방열쇠가 있습니다.
B: 감사합니다.

2. 빈 방이 하나 있습니까?

A: 안녕하십니까(저녁).
B: 안녕하십니까?
A: 아직도 빈 방이 하나 있습니까?
B: 예약을 했습니까?
A: 아닙니다.
B: 얼마동안 머무시려고 하십니까?
A: 아직도 정확하게 알 수 없습니다. 먼저 이틀 동안 머물고 싶습니다.
B: 싱글룸 아니면 2인용 룸을 원하시는지?
A: 싱글룸 하나를 원합니다.
B: 잠깐만. 예, 방 하나가 비어있습니다.
A: 그 방에 목욕탕이 있습니까?
B: 아닙니다, 샤워가 있습니다.
A: 그러면 값은 얼마입니까?
B: 하루 밤에 70유로입니다.
A: 아침식사가 포함됩니까?
B: 예, 아침식사가 포함됩니다.
A: 음, 그 방을 갖겠습니다.
B: 그러면 여기에 기재해 주십시오.
감사합니다.
A: 언제 당신의 호텔에서는 아침식사가 제공됩니까?
B: 6시 반에서 9시까지.
A: 그러면 7시 정각에 저를 깨워주실 수 있습니까?
B: 7시에? 좋습니다.
여기에 당신의 방열쇠가 있습니다. 4층에 있는 463호입니다.

A: 감사합니다. 안녕히 주무시길.
B: 안녕히 주무시길(좋은 밤이 되시길).

Lektion 9

은행에서

1. 죄송합니다만, 어디에서 돈을 환전할 수 있습니까?

A: 죄송합니다만, 어디에서 돈을 환전할 수 있습니까?
B: 저쪽에 있는 카운터(창구)에서 환전할 수 있습니다.
A: 감사합니다.
저는 미국 달러를 유로로 환전하고 싶습니다.
C: 기꺼이 그러하겠습니다. 이건 563유로입니다.
여기 이 밑에 서명해 주십시오.
A: 아예. 저에게 5장의 100유로(지폐)를 주시고 나머지는 잔돈으로 주십시오.
C: 좋습니다.
100, 200, 300, 400, 500 그리고 20, 40, 60과 3유로입니다.
A: 감사합니다.
C: 그리고 여기에 당신의 영수증이 있습니다.
A: 감사합니다. 환전시세표가 있습니까?
C: 예, 물론입니다.
A: 감사합니다. 안녕히 계십시오.

2. 저는 계좌 하나를 개설하고 싶습니다.

A: 안녕하십니까? 무엇을 원하십니까? (제가 당신을 위해서 무엇을 할 수 있습니까?)
B: 저는 계좌 하나를 개설하고 싶습니다.
A: 지로계좌 아니면 저축계좌?
B: 지로 계좌.
수수료는 얼마입니까?
A: 월 4유로입니다.
B: 그러면 유로 카드(크레디트 카드)를 가질 수 있습니까?
A: 예 물론입니다.
당신의 계좌에 정기적으로 입금이 있으면 즉시 가능합니다.
B: 좋습니다.
A: 당신의 인적사항에 대해 문의해도 괜찮습니까?
당신의 성함은?
B: 류, 아려입니다.
A: 철자를 말해 주시겠습니까?
B: R-Y-U, A-H – R-I-O (에르 입쉴론 우, 아 하 – 에르 이 오).
A: 그리고 당신의 주소는?
B: 옴가 18번지, 8000 뮌헨 40.

A: 당신의 전화번호는?
B: 7 82 39 91.

A: 안녕하십니까? 무엇을 도와드릴까요?
B: 저는 문의할 것이 하나 있습니다. 저는 매달 500유로를 지불(저축)하고자 합니다.
저에게 무엇을 추천하시겠습니까?
A: 저축계좌(를 추천합니다). 수수료가 없습니다.
당신은 원하실 때마다 언제나 돈을 인출할 수 있습니다.
B: 그리고 이자는 얼마나 높습니까?
A: 3%입니다.
B: 좋습니다. 다시 한 번 생각해 보겠습니다.
당신의 정보(알려주신 것)에 대해 감사합니다.
A: 천만에요.

우체국에서

1. 이 편지는 얼마짜리 우표를 붙여야만 합니까?

A: 이 편지는 얼마짜리 우표를 붙여야만 합니까?
B: 이건 300g이며, 60센트입니다.
A: 언제 이 편지가 베를린에 도착합니까?
B: 내일, 토요일에.
그러나 이 편지는 월요일에야 비로소 배달됩니다.
A: 등기우편으로 보내면 어떨까요?
B: 이 편지를 등기하여 보내시면, 이 편지가 단지 등기(기록)될 뿐입니다.
빠른 우편(속달우편)으로 보내시지요.
그러면 즉시 송달됩니다.

2. 소포 하나를 탁송하고 싶습니다.

A: 저는 소포 하나를 탁송하고 싶습니다.
B: 그 소포가 외국으로 갑니까?
A: 예, 한국으로 갑니다.
B: 그러시면, 여기에 관세대상품목 명세서에 기재해 주셔야만 합니다.
A: 어디에서 그것을 얻을 수 있습니까?
B: 당신은 그것을 여기에서 받을 수 있습니다.
A: 그리고 어디에서 그 소포를 탁송해야만 합니까?
B: 여기에서 역시 할 수 있습니다. 그러나 그 소포는 개봉되어야만 합니다.

3. 여기에서 우편소포를 탁송할 수 있습니까?

A: 여기에서 우편소포를 탁송할 수 있습니까?
B: 어디로 가는 것입니까?
A: 한국으로.
B: 항공편 아니며 배편(선편)입니까?
A: 항공편으로 보내면 값이 얼마입니가?
B: 잠깐만, 이건 240g입니다. 2유로 90센트가 기본수수료이며, 5g당 20센트입니다.
그러면 48×20으로 9유로 60센트이며, 다 합해서 12유로 50센트입니다.

A: 그건 너무 비쌉니다. 여기엔 단지 책 한 권만 들어있습니다.
B: 그러면 당신은 그것을 인쇄물로 보내십시오.
A: 우편료가 얼마나 됩니까?
B: 기본수수료가 50센트이며 20g당 30센트입니다.
A: 그리고 이것도 꼭 같이 빨리 갑니까?
B: 예. 이 송달물(소포)은 봉인되어서는 안됩니다.
그리고 역시 어떤 서면보고도 포함되어서는 안됩니다.
A: 편지도 안됩니까?
B: 안됩니다, 편지는 분리하여 탁송되어야만 합니다.
A: 좋습니다. 그러면 두 가지에 다시 한 번 주소를 쓰겠습니다.

Lektion 10

기차역에서

1. 안내창구에서

A: 저는 내일 베를린으로 (기차를 타고) 가고 싶습니다.
B: 언제쯤 (가시려고 합니까)?
A: 저는 19시(오후 7시)에 그곳에 있어야만 합니다.
어떤 기차가 가장 유리합니까?
B: 14시30분 ICE.
A: 그러면 언제 그 기차가 베를린에 도착합니까?
B: 18시15분.
A: 갈아타야만 합니까?
B: 아닙니다, ICE는 쉬지 않고 직행합니다.
A: 좋습니다, 그러면 저는 그 기차를 타겠습니다. 그런데 몇 시였지요?
14시 . . .
B: 예. 14시30분 출발, 18시15분 도착입니다.
A: 감사합니다.

2. 매표창구에서

A: 프랑크푸르트 암 마인 행 왕복표 한 장.
B: 언제 (기차를 타고) 가시지요?
A: 오늘 가서, 토요일에 돌아옵니다.
B: 그러면 절약가격입니다. 당신은 IC를 타시지요?
A: 예 그렇습니다. 좌석권이 필요합니까?
B: 기차들이 대단히 만원입니다. 방학의 시작이지요!
어떤 기차를 타시지요?
A: 8시49분 기차.
B: 그 기차는 지금 예약하기엔 너무 늦었습니다!

A: 그리고 기차들이 다 만원이라고 당신이 말씀하셨지요?
B: 예, 특히 오늘과 내일, 방학이 시작되었어요.
A: 그러면 일등석을 타겠습니다.
일등석에는 틀림없이 그렇게 만원은 아니겠지요 – 그렇지 않습니까?
B: 이등석만큼 만원은 아닙니다. 그러면 일등석 왕복표라. – 202유로입니다.
A: 이것도 역시 절약가격입니까?
B: 예, 그 가격도 할인되어 있습니다.
A: 8시49분발 IC는 어디에서 출발합니까?
B: 5번 승강장. 그러나 그 기차는 10분 연착입니다.
그리고 여기에 당신의 기차표가 있습니다.
A: 감사합니다.

공항에서

1. 전화 예약

A: 루프트한자입니다. 안녕하십니까?
B: 뮐러입니다. 안녕하십니까?
내일 아침에 뮌헨에서 베를린까지 가는 비행기가 있습니까?
A: 예 확실합니다. 내일 아침에는 3대의 비행기가 있습니다. 6시15분에 한 대, 9시에 한 대 그리고 10시20분에 한 대가 있습니다.
B: 그러면 저는 9시 비행기를 타겠습니다.
A: 왕복 비행을 원하십니까?
B: 예, 왕복 비행을 원합니다.
A: 언제 (비행기를 타고) 돌아오시려고 하십니까?
B: 아직도 잘 알 수 없습니다.
A: 그러면 오픈으로 하겠습니다. 성함이 어떻게 되시지요?
B: 뮐러, 게르트 뮐러 박사입니다.
A: 그리고 당신의 전화번호는?
B: 8 29 74 72입니다.
A: 좋습니다, 당신의 티켓은 7번 창구에 당신을 위해 준비되어 있습니다.
B: 감사합니다.
A: 괜찮습니다. 안녕히 계십시오.

2. 한 항공사의 창구에서

A: 안녕하십니까.
B: 안녕하십니까.
A: 파리 행 다음 비행기는 언제 있습니까?
B: 정각 16시에. 그러나 이 비행기는 유감스럽지만 이미 매진되었습니다.
A: 그 다음 비행기는?
B: 20시15분에 있습니다.
A: 그 비행기에 아직도 빈 좌석이 하나 있습니까?
B: 여행객(이코노믹), 비즈니스, 일등석?
A: 비즈니스.
B: 예, 여기에는 아직도 약간 비어있습니다.

A: 좋습니다. 그러면 저를 위해 예약을 해주십시오.
B: 기꺼이 그렇게 하겠습니다. 당신의 성함은?
A: 김, 김지민입니다.
크레디트 카드도 받으시지요?
B: 예 물론입니다. 감사합니다.
그러면 여기에 서명을 부탁합니다.
A: 좋습니다.
B: 감사합니다. 그리고 여기에 당신의 티켓이 있습니다.
좋은 비행이 되시길.
A: 감사합니다. 안녕히 계십시오.

3. 전화 예약변경

A: 루프트한자입니다. 안녕하십니까?
B: 안녕하십니까. 저의 이름은 김입니다. 저는 내일 13시 파리 행 비행기를 예약했습니다.
이 예약을 변경하고자 합니다.
A: 잠깐만. 김지민 씨. 예.
언제 (비행기를 타고) 여행하시렵니까?
B: 다음 주 동일한 시간에. 가능합니까?
A: 한 번 봅시다. 예, 가능합니다.
B: 아주 잘 되었습니다. 그러면 이 비행기에 한 좌석을 예약해 주시겠습니까?
A: 좋습니다. 그러면 당신의 티켓은 9번 창구에서 받아가십시오.
그리고 출발 2시간 전에 와주시기 바랍니다.
B: 예, 감사합니다. 안녕히 계십시오.
A: 안녕히 계십시오.

Lektion 11

1. 죄송합니다만, 마르크트 광장은 어떻게 갑니까?

A: 죄송합니다만, 마르크트(시장) 광장은 어떻게 갑니까?
B: 마르크트 광장?
저는 슈투트가르트를 잘 알지 못합니다. 저는 늘 버스를 탑니다. 버스는 저 뒤에서 정차합니다.
그렇지만 잠깐만 기다리십시오. 저 뒤에 TV송신탑이 보이지요? 이 방향으로 운전해 가십시오,
그러면 중앙역으로 갑니다. 거기에서 다시 한 번 물어보십시오.
A: 죄송합니다. 마르크트 광장은 어떻게 가지요?
C: 미안합니다, 저는 그것(마르크트 광장)을 알지 못 합니다. 저는 이곳 사정을 잘 모릅니다.
A: 죄송합니다만, 어떻게 하면 마르크트 광장으로 갑니까?
D: 그건 저 뒤에 있습니다. 전차를 타십시오. 그 전차는 중앙우체국으로 갑니다.
그곳에서 마르크트 광장은 그렇게 멀지 않습니다.
E: 어디를 가시길 원하시지요? 마르크트 광장으로?
그건 아주 간단합니다.

당신은 계속 똑바로 운전해 가십시오. 그리고 왼쪽으로 가시면 슐로스 광장이 나옵니다. 그곳에서 당신은 오른쪽으로 차를 몰고 가십시오. 거기엔 교회 하나가 있습니다. 그리고 그곳에서 시청과 마르크트 광장이 보입니다.

A: 당신은 이 도시를 잘 알고 계십니다. 어디에서 오셨습니까?

E: 터키 출신입니다.

A: 아 예! 감사합니다.

2. 영국공원은 어떻게 갑니까?

A: 죄송합니다.

B: 예?

A: 당신은 이곳 출신입니까?

B: 예 그렇습니다.

A: 영국공원은 어떻게 갑니까?

B: 그건 아주 간단합니다. 이 시지도(市地圖)에서 당신에게 그것을 가리켜 드리겠습니다.
우리는 지금 여기에 있습니다. 당신은 이 길을 따라 가십시오, 그러면 오른쪽으로 호프가르텐으로 들어갑니다,
지하도를 통과하여, 그러면 당신은 이미 그곳(영국공원)에 도착해 있습니다.

A: 그곳이 멉니까?

B: 아닙니다, 아마도 10분, 혹은 15분 거리입니다.

A: 그건 괜찮군요. 당신의 도움에 감사드립니다.

B: 천만에.

3. 죄송합니다만, 탈리아 극장은 어디에 있습니까?

A: 죄송합니다만, 탈리아 극장은 어디에 있습니까?

B: 이탈리아 극장이라, 그건 알스터 성문 근처에 있습니다.
당신은 여기 이 묀케베르크 가(街)를 똑바로 가십시오, 성 페트릭 교회를 지나쳐서 게르하르트 하웁트만 광장 사거리까지 가십시오. 그곳에서 왼쪽으로 가십시오. 약 300m 가시면 오른쪽에 탈리아 극장이 있습니다.

4. 1호선 전철이나 2호선 전철을 타고 가십시오.

A: 죄송합니다만, 어떻게 하면 시청으로 갑니까?

B: 란둥스브뤼켄(상육용 잔교)까지 1호선 전철(S1)이나 2호선 전철(S2)을 타고 가십시오.
그리곤 3호선 지하철(U3) 메르켄 가(街) 방향으로 갈아타십시오.
그리고 시청까지 타고 가십시오.
그건(시청은) 세 번째 역입니다.

Lektion 12

1. 옷이 날개다.

①

A: 저 치마 좀 봐!
B: 어떤 치마 – 저 빨간색 치마?
A: 응, 저 빨간색 치마. – 너, 저 치마가 내게 어울린다고 생각해?
B: 물론이야 (확실해).
A: 그러나 저건 내 초록색 티셔츠와 맞지 않아!
B: 맞아, 네 말에 동의해.
A: 그런데 저것은?
B: 저건 너무 얌전해!
그런데 너 저기 긴 검은색의 치마에 대해선 어떻게 생각해?
A: 아, 난 잘 모르겠어 ...
B: 난 저 치마가 아주 좋다고 생각해!

②

A: 안녕하십니까, 무엇을 도와드릴까요?
B: 안녕하십니까. 저는 진열장에 있는 저 세련된 원피스를 한 번 입어보고 싶습니다.
A: 어떤 것을 말씀하십니까?
B: 초록색 (원피스).
A: 어떤 사이즈?
B: 예, 잠깐만! 저는 차라리 여기에 있는 풀오버를 한 번 입어보고 싶습니다.
어디에서 이것을 입어보지요?
A: 저 건너편에, ... 그런데? (입어보시니 어때요?) 당신 마음에 듭니까?
B: 그래요, 뭐, 썩 마음에 들진 않습니다.
전 청바지를 한 번 보고 싶습니다.
A: 어떤 종류의 청바지를 찾습니까?
B: 아, 이것이 아주 멋지게 보입니다. 값은 얼마입니까?
A: 이건 특별염가로 59유로입니다.
B: 좋습니다, 이것을 사겠습니다. 그리고 여기에 있는 이 상의는?

2. 새 콤비 상의

뮐러 씨는 새로운 콤비 상의가 필요하다. 그는 큰 백화점에 간다.
그리고 여기에서 확실히 무언가 멋진 것을 찾을 수 있으리라 그는 생각한다.

A: 저 좀 도와주시겠습니까?
B: 잠깐만! 저는 다른 고객의 시중을 들어야만 합니다.

그렇게 하는 사에에 뮐러 씨는 맞는 콤비 상의를 찾는다. 그러나 그는 아무 것도 발견하지 못한다.
그리곤 그는 계속해서 와이셔츠와 외투들이 있는 곳으로 간다.

B: 자, 이제 왔습니다.
A: 저는 이 계절에 맞는 콤비 상의 하나를 찾고 있습니다만,
저에게 맞는 사이즈를 발견할 수 없습니다.
B: 사이즈가 얼마이지요? 40? 이 사이즈는 유감스럽지만 이미 모두 다 나갔습니다.
그런데 다음 주에 우린 새로운 물건들을 받습니다.
A: 그렇게 오래 동안 저는 기다리고 싶지 않습니다.
B: 그러나 새 옷들은 대단히 세련되고 값도 아주 저렴합니다.
A: 아, 저는 저 가벼운 외투와 짙은 청색의 와이셔츠를 한 번 입어보고 싶습니다.
B: 물론이지요, 당신이 원하신다면.

3. 바겐세일에서

A: 죄송합니다만, 이 양복정장은 값이 얼마입니까?
B: 229유로입니다.
A: 그건 저에게 너무 비쌉니다. 더 싼 것들도 있습니까?
B: 예, (이쪽을) 한 번 보십시오. 여기에 (하계 말, 동계 말) 대 바겐세일 물건들 중에 몇 개가 있습니다.
A: 좋습니다, 그렇다면 한 번 보지요. 감사합니다.
죄송합니다. 진열장 안의 검은색 정장이 있습니다. 저 정장을 한 번 입어볼 수 있습니까?
B: 어떤 사이즈를 필요로 합니까?
A: 38.
B: 잠깐만.
예, 여기에 있습니다. 탈의실들은 저쪽에 있습니다.
A: 감사합니다.
B: 어떻습니까? 마음에 드십니까?
A: 괜찮습니다.
B: 이 정장은 당신에게 아주 잘 어울립니다.
A: 그런데 바지는 약간 깁니다.
이것을 약간 더 짧게 만들 수(길이를 줄일 수) 있습니까?
B: 그것은 전혀 문제가 안됩니다.
A: 좋습니다, 그러면 저는 이 양복을 사겠습니다.
이것에(이 정장에) 맞는 넥타이가 있습니까?
B: 예, 물론입니다(확실히 있습니다). 이리로 오십시오. 당신에게 몇 개를 보여드리겠습니다.

4. 가죽상의를 찾습니다.

A: 안녕하십니까, 제가 도와드릴까요?
B: 예, 그래요, 저는 가죽상의를 찾습니다.
A: 죄송합니다, 어떤 종류의 상의라고요? 가죽상의?
B: 예, 정확히 맞습니다. 저는 하나의 스포티한 상의, 하나의 우아한 상의,
하나의 긴 상의나 혹은 하나의 짧은 상의를 찾습니다.
A: 문제 없습니다. 어떤 색깔을 원하시는지 알고 계시지요?
B: 아 예, 원래는 갈색이 좋을 것 같습니다만, 아니면 초록색, 그러나 분명한 것은 검은색은 원하지 않습니다.
A: 서로 다른 모델들을 보여드릴까요?
B: 예, 좋습니다.

A: 사이즈는 얼마입니까?
B: 잘 모릅니다.
A: 예, 대략 46 사이즈?
B: 바로 맞습니다! 저곳에 있는 청색 상의가 마음에 듭니다.
A: 어떤 것? 저거 말입니까? 오 예, 저건 틀림없이 당신에게 잘 어울릴 겁니다.
B: 제가 저것을 한 번 입어볼 수 있습니까?
A: 예, 물론입니다.
B: 체, 아닙니다, 이건 제게 맞지 않습니다.
에, 그 외에도, 어떤 종류의 레저용(여가용) 바지들이 있습니까?
A: 저희들은 예컨대 특별염가로 파는 면으로 만든 멋진 바지가 있습니다.
B: 가죽바지들도 있습니까?
A: 어떤 종류의 바지를 찾습니까? 짧은 바지 아니면 긴 바지?
B: 아 예, 에 ...

Lektion 13

1. 무슨일일지?

A: 안녕, 페터.
B: 안녕, 자비네.
A: 너(몸 상태가) 좋지 않은 것 같이 보여. 대관절 무슨 일이니?
B: 나는 치통(齒通)을 알고 있어(나는 이빨이 아파).
A: (많이)아파?
B: 괜찮아.

2. 병원에서(의사에게서)

저녁에

A: 너 좋지 않게 보여. 나에게 무슨 일이 있어났니?
B: 난 (몸 상태가) 좋지 않아. 두통(頭痛) 이야, 그리고 배도 아파.
A: 너 의사에게 가보지 않겠니?
B: ...

다음날 아침에

A: 융 박사의 개인병원입니다. 안녕하십니까?
B: 저의 몸 상태가 좋지 않습니다.
A: 저는 두통(頭痛)과 복통(腹痛)을 앓고 있습니다.
B: 제가 ...할 수 있습니까?
A: 죄송합니다만, 성함이 어떻게 되지요?
B: 류, 류아려입니다.
A: ...

다음날에

A: 류 씨?
B: 예
A: 이 서식용지에 기재해 주시고 대기실에서 앉아 계시겠습니까?
진찰실에서 의사에게(진료)
A: 안녕하십니까, 류 씨, 제가 당신을 위해 무엇을 해 드릴까요?
B: 저는 잘 알 수 없어요. 어제는 아주 강한 통증이 있었는데, 오늘은 더 이상 아프지 않습니다.
A: ...

3. 진찰 ❶

A: 그런면 다음 분,
아 슈마허 씨, 안으로 들어가십시오.
B: 감사합니다. 안녕하십니까, 여 의사 선생님(박사님)
C: 안녕하십니까, 슈마허 씨, 어디가 아픕니까?
B: 몸이 좋지 않습니다. 의사 선생님.
저는 늘 이런 위(胃)의 통증(위통)을 앓고 있습니다.
C: 흠, 과식을 하시거나 혹은 너무 기름진 음식을 드십니까?
B: 저는 아주 적은 양의 식사만을 합니다. 그것이 그 원인입니다.
저는 전혀 많이 먹을 수 없습니다. (먹고 나면) 즉시 늘 이러한 통증을 가집니다.
C: 그렇다면 옷을 벗으세요. 그리고 저기에 누우세요.
아픕니까?
그러면 이것은?
B: 아 우, 에에.
C: 아하! 슈마허 씨, 일을 많이 하십니까?
B: 예, 어쩌면 그렇다고 말할 수 있을 겁니다.
저는 때때로 8시나 9시까지 사무실에 있습니다.
C: 그리곤 (일한 후에) 맥주나 포도주 마시는 것을 좋아하시지요?
B: 예, 그럼요, 확실합니다. 가끔.
C: 그리고 커피도?
B: 예, 물론입니다. 자는 커피를 많이 마십니다.
C: 담배도 피십니까?
B: 예 그렇습니다. 사무실에서의 스트레스가 정말로 아주 크다는 것을 아십니까?
그래서 담배를 아주 많이 피웁니다.
C: 알약(정제 錠劑)도 드십니까?
B: 예 그렇습니다. 때때로 두통이 있으면, 저는 알약 하나를 먹습니다.
C: 슈마허 씨, 이제 우리 뢴트겐 사진을 찍어 봅시다.
함께 갑시다.

진찰 ❷

A: 안녕하십니까! 어디가 아프십니까?
B: 그것(원인)이 무엇인지 모르겠습니다만, 저는 늘 머리가 아픕니다.
그것이 날씨 때문은 아닌지?
A: 당신이 지나치게 낮은 혈압이라면 그럴 수도 있습니다.
B: 그리고 제가 왜 자주 이토록 피곤하게 느껴는지도 저도 역시 모르겠습니다.
A: 그것이 무엇인지 제가 알아보겠습니다. 그리곤 당신이 곧 다시 건강하개 되시는지 우리 한 번

알아봅시다.

약방에서

A: 안녕하십니까. 무엇을 원하시지요?
B: 여기에 저의 처방전이 있습니다.
A: 예, 잠깐만, 이제 되었습니다. 여기에 당신의 물약이 있습니다.
B: 감사합니다. 이 물약을 어떻게 복용합니까?
A: 이것을 매일 세 번씩 많은 물과 함께 복용하십시오.
그리고 식사 후에.
B: 좋습니다. 값은 얼마입니까?
A: 수수료가 없습니다(무료입니다). 그리고 쾌유를 빕니다.
B: 감사합니다.

Lektion 14

1. 주차위반

김 씨는 매우 다급했다. 그러나 도처에 주차공간이 없었다. 그는 자동차를 한 담배상점 앞에 세워두었다. 몇 분 후에 그는 되돌아와서 자동차에 한 장의 범칙금 딱지를 발견했다. 그는 그 딱지를 가지고, 가까운 곳에 있는 경찰관에게 가서 그에게 그 딱지를 주었다.

A: 유감스럽지만 잘못 주차를 했습니다. 당신은 10유로를 지불해야만 합니다.
B: 내 자동차는 단지 몇 분밖에 이곳에 주차하지 않습니다.
A: 유감스럽지만, 당신은 그러나(범칙금을)지불해야만 합니다.
B: 저는 당신에게 이를 설명하고 싶습니다: 저는 빨리 담배를 사오려고 했으며, 주차공간을 발견하지 못했습니다. 그때 저는 즉시 다시 돌아오면 괜찮으리라 생각했습니다.
A: 그러나 여기는 주차금지입니다. 당신은 이것을 몰랐습니까?
B: 그러면 지금 10유로를 지불하겠습니다. 당신은 그 돈을 송금하셔야만 합니다. 송금용지는 그 서식용지에 있습니다.

2. 무임승차

A: 대관절 너에게 무슨 일이 일어났니?
B: 난 지하철에서 20유로를 지불했어야만 했어.
A: 너 무임승차 했니?
B: 원래는 그렇지 않아. 난 승차권을 갖고 있었어.
A: 너 승차 시에 그 승차권을 개찰하지 않았니?
B: 난 그걸 몰랐어. 난 이곳이 처음이야(낯선 곳이야).
A: 너는 그것을 설명할 수 없었니?
B: 아니야, 전혀 논쟁을 하려고 하지 않았어. 나는 지불하지 않을 수 없었어.
A: 그러면 너는 서면으로 항의할 수 있어.

3. 저는 자동차수리를 신청할 수 있어.

폭스 회사의 여비서인 하임(부인)는 (자동차) 수리공장에 전화를 건다.

A: 여기는 폭스 회사입니다. 저는 자동차 수리를 신청하고 싶습니다.

B: 수리공장에 연결해 드리겠습니다.
잠깐만, 마이어 씨가 바로 전화를 받습니다.

C: 여기는 마이어입니다.

A: 안녕하십니까, 마이어 씨. 여기는 하임입니다. 마이어 씨, 우리의 자동차가 고장이 났습니다. 그 자동차는 기차역 근처에 서 있습니다. 당신은 누군가를 보내시겠습니까?

C: 도대체 무엇이 고장입니까?

A: 저도 알지 못합니다. 제 생각에는 당신이 이 자동차를 견인해 가셔야 겠습니다.

C: 잠깐만, 제가 먼저 확인해 보아야 되겠습니다.
제 생각엔 이 시점에 아무도 한가한 사람이 없었습니다. 우리는 오늘 일이 대단히 많습니다.
(전화를 끊지 말고) 전화기에 머물러 주십시오――
하임 씨, 그 자동차를 내일 견인해 오면 안 되겠습니까?

A: 안 됩니다. 그렇게는 불가능합니다. 저의 사장님께서 그 자동차를 늦어도 내일 정오에 필요로 하십니다.

C: 그렇다면 좋습니다. 그러면 제가 오늘 오후에 그 차를 견인해 오겠습니다.

A: 그리고 또, 마이어 씨, 당신이 즉시 애프트서비스를 하실 수 있습니까?

C: 잠깐만, 한 번 더 점검해 보아야겠습니다. –언제까지 당신의 사장님께서 자동차를 다시 필요로 하시지요?

A: 내일 정오까지.

C: 그렇다면, 저는 약속은 할 수 없습니다.
저에게 오늘 5시 이전에 한 번 더 전화해 주시겠습니까?

A: 예, 좋습니다.

C: 그러면 저는 아직도 그 자동차 키를 필요로 합니다. 당신이 키를 이리로 갖다 주시겠습니까?

4, 무엇이 고장입니까?

A: 저의 자동차를 당신에게 몰고 가겠습니다.

B: 대관절 무엇이 고장입니까?

A: 엔진이 제대로 작동되지 않습니다.

B: 그 외에는 없습니까?
그리고 왼쪽 주행등도 더 이상 작동되지 않습니다.

A: 예, 제동기(브레이크)를 한 번 점검해 보셔야만 되겠습니다.

B: 좋습니다.

A: 언제 제가 그 자동차를 가지고 갈 수 있습니까?

B: 내일 오전에, 수리가 오래 걸리지 않는다면.
성함이 어떻게 되시지요?

A: 한스 뮐러입니다.

B: 좋습니다. 그러면 내일 오전에 다시 뵙겠습니다. 그러나 한 번 더 전화를 주시면 좋겠습니다.

A: 그렇게 하겠습니다. 감사합니다.

5. 주유소에서

A: 연료탱크를 가득 채워주세요.

B: 슈퍼(휘발유) 아니면 보통?
A: 슈퍼 무연으로.
B: 그리고 (자동차) 유리창을 닦아주실 수 있습니까?
A: 물론입니다. 윤할유(엔진오일)는 정상입니까?
B: 아 예, 윤할유 상태를 한 번 점검해 주세요.

Lektion 15

독일의 나라와 사람들

1. 독일 연방공화국을 아십니까?

당신이 독일연방공화국을 생각하시면, 당신은 먼저 산업, 무역 그리고 경제를 생각하십니까? 그렇습니까? 그렇다면 당신은 우리 나라를 아직도 올바로 알지 못합니다.

연방공화국은 아주 서로 다른 풍광을 갖고 있습니다. 북해와 동해 연안에 멋진 해변이 있는 북쪽의 평지, 서쪽과 남쪽에 많은 숲이 있는 중부산악지대, 그리고 알프스의 높은 산들. '연방공화국의 약 30%가 숲이다!' 는 것은 아마도 당신을 놀라게 할 것입니다.

비록 우리 나라가 대단히 크지는 않지만 – 북쪽에서 남쪽으로는 850km에 불과하고 동쪽에서 서쪽은 600km 남짓할 뿐이다 – , 기후는 어디에나 동일하지 않습니다. 겨울에는 남쪽보다 북쪽이 더 따뜻합니다. 그 때문에 북쪽엔 겨울에 눈도 적게 옵니다. 여름은 또 다릅니다. 남쪽은 북쪽보다 대부분 더 좋은 날씨입니다. 비도 적게 내리고, 태양도 더 자주 비치고 있습니다. 당신이 연방공화국의 풍광들에 대해서 더 많이 알기를 원하시면, 먼저 독일의 지리부도와 독일 역사를 조사하십시오.

2. 오늘의 독일

독일은 유럽의 심장부에 위치하고 있습니다. 독일의 북쪽에는 덴마크가 위치하고 있으며, 동쪽에는 폴란드 그리고 체코 공화국이 위치하고 있습니다. 남쪽에는 오스트리아와 스위스가 위치하고 있으며, 서쪽에는 프랑스, 룩셈부르크, 벨기에와 네덜란드가 위치하고 있습니다. 유럽 중앙에 있는 이러한 위치는 특히 경제와 교통이 있어서 중요합니다. 동쪽과 서쪽 사이에 있는 이러한 위치는 정치적으로도 중요합니다. 왜냐하면 "오늘의 독일"은 1990년 10월 3일 이래로 독일연방공화국(BRD:서독)과 독일민주공화국(DDR:동독)의 재통일을 의미하기 때문입니다. 독일은 1949년에서 1990년까지 두 개의 국가로서 존재해 왔습니다.

서쪽(서독)에서는 민주주의와 자유시장이, 동쪽(동독)에서는 공산주의 체제 내에 하나의 국가의 계획경제가 존재했었습니다. 소련 사람들, 미국 사람들, 프랑스 사람들 그리고 영국 사람들이 1945년 히틀러 독일에 대한 전쟁에서 승리를 했습니다. 소련 군대가 독일의 동쪽에 한 지역으로 진격해 왔습니다. 소련 사람들이 빼앗은 이 지역은 1949년에 "독일민주공화국"(DDR)이라는 이름으로 하나의 새로운 나라가 되었습니다.

미국 사람들, 영국 사람들 그리고 프랑스 사람들이 (점령한) 세 개의 지역들은 1945년에서 1949년까지 서방 연합국 점령지역이 되었습니다. 그 후 이 서방 연합국 점령지역은 "독일연방공화국"(BRD)이 되었습니다.

사람들의 정치적인 목표들은 아주 달랐습니다. 연방공화국에서 정치체제는 미국, 프랑스, 덴마크 그리고 다른 서방국가들의 정치체제와 같았습니다. 동독에서 정치체제는 소련, 폴란드, 체코 혹은 헝가리의 그것과 같았습니다. 서쪽은 자유시장을 가졌지만, 동쪽은 국가가 통제하는 시장을 가졌습니다. 사람들은 서쪽의 경제체제를 "자본주의 체제"라고 부르며 오래된 동쪽은 국가가 통제하는 시장을 가졌습니다. 사람들은 서쪽의 경제체제를 "자본주의 체제"라고 부르며 낡은 동쪽의 체제를 "계획 경제체제"로 부르기도 합니다. 이제는 이 동구의 나라들에서 시행되었던 계획 경제체제가 끝났습니다. 자유시장경제가 그곳에 새로운 체제가 되었습니다. 동쪽의 사람들에게는 이 체제가 쉽지 않습니다. 왜냐하면 이들은 자유로운 체제를 아직도 잘 알지 못하기 때문입니다. 이들은 지금 자유로운 체제에서 사는 것을 배워야만 합니다. 이들은 자신의 미래를 자신의 손으로 만들어야만 합니다. 이는 나이가 많은 사람들보다 젊은 사람들에게는 더 쉽습니다. 왜냐하면 젊은 사람들은 나이가 많은 사람들보다 더 빨리 배우기 때문입니다.

미하일 고르바쵸프는 소련의 대통령으로서 그가 한 업적에 대한 대가로 노벨 평화상을 받았습니다. 그는 재통일 시에 서독과 동독을 도와주었습니다. 그는 통일된 독일이 소련을 위한 중요한 파트너이기 때문에 이 일을 했습니다. 재통일 이후에 독일 사람들과 소련 사람들 사이에 많은 협의들이 있었습니다. 미국의 정치가들과 프랑스의 정치가들도 이러한 협의에 참여했습니다. 왜냐하면 미국과 프랑스 역시 독일의 중요한 파트너이기 때문입니다.

많은 독일 사람들은 오늘날에도 여전히 제2차 세계대전 후 도와 준 미국에 대해 감사하게 생각하고 있습니다. 미국은 제2차 세계대전 후 외채, 구호물자 꾸러미 그리고 기술(노-하우)로써 독일 사람들을 도와주었습니다. 마샬 플랜은 파괴된 서독을 현대적인 산업국가로 만드는 데 도와주었습니다. 이러한 이유에서 서독의 경제적인 상황은 동독에서의 그것보다 훨씬 나았습니다. 그러나 동독은 미국으로부터 어떤 도움도 받지 못했습니다. 동독은 그러나 전쟁이 끝난 후 처음 15년 간 소련에 전쟁 손해배상금으로써 많은 돈을 지불했어야 했습니다. 그 때문에 그곳의 경제는 서독에서와 같은 튼튼할 수 없었습니다.

3. 독일의 재통일 연대기

1985년	◈	미하엘 고르바쵸프가 소련의 국가원수가 되고 동구의 여러 곳에서 민주화의 과정이 시작된다. 그러나 동독은 이웃나라들의 개혁정치와 거리를 둔다.
1989년 5월	◈	많은 동독 시민들에게 있어서 분노가 고조되었고, 정부에 반대하는 집단들도 더욱 강렬하게 반대했다. 공산주의자들이 5월 선거에서 선거결과를 조작했다고 많은 사람들이 생각한 것이 그 이유였다.
8월	◈	부다페스트에 있는 독일연방공화국 대사관에서 망명을 신청한 동독 시민들에게 외국으로의 여행이 허용되었다. 그후 프라하와 바르샤바에 있는 서독의 대사관에서도 역시 같았다.
9월	◈	오스트리아를 통과하는 거대한 이주민의 행렬이 시작되었다. 헝가리에서 휴가를 보내던 수 십만의 동독 시민들이 그들의 가정을 버리고, 지금 개방된 헝가리와 오스트리아 사이의 국경을 넘었다.
10월 7일	◈	[동독 건립40주년] 기념축제에 귀빈으로 온 고르바쵸프는 동베를린에서 [동독의] 정부는 소련으로부터 어떤 도움도 기대할 수 없으며, 동독 자체의 개혁프로그램을 시작해야만 한다는 것을 분명하게 밝혔다. 공식적인 40주년 기념축제에 반대하는 시위에서 경찰과의 유혈 충돌이 있었다.
10월 9일	◈	라이프치히에서 처음으로 수 십만 명의 평화적인 시위가 있었다. 이 때 동베를린이 발포명령을 내렸으나 라이프치히의 정치가들과 정부에 반대하는 사람들이 이 명령을 저지시켰음을 후에 사람들은 배우게 되었다. 다음 몇 주 동안 동독에서 즉흥적인 시위들이 있었다.
11월 4일	◈	일백만 명의 시민들이 동베를린에서 개혁을 위한 시위를 했다.
11월 9일	◈	[동독] 정부는 '모든 사람은 자유롭고 어떠한 방해도 받지 않고 여행할 수 있다'는 새로운 여행법을 공포했다. 이 날 밤에 수 십만의 시민들이 처음으로 가까이에 위치하고 있는 서베를린을 방문했다. 그 다음 주말에 동독과 서독 사이에 있는 모든 국경이 실

제적으로 개방되었다. 수백만의 동독 시민들이 서독을 방문했다. 전 세계가 텔레비전에서 브란덴부르크 성문에서 일어난 장벽 해프닝[동서 베를린을 가로막고 있던 장벽을 무너뜨리는 해프닝]을 보았다.

12월 ◈ 그러나 여행의 자유는 너무 늦게 허용되었으며 그것으로 충분하지 않았다. [동독]정부는 자유로운 선거를 수용하여야만 했고, 그 다음 몇개월간 자유로운 정치적인 정당들간에 처음으로 정치유세[선거유세]가 있었다.

1990년 3월 ◈ 동독의 선거: 보수적인 연립정당인 "독일을 위한 연합"은 지금 '가능한 한 빨리 서독과 통일한다'는 그들의 명확한 정치강령으로써 통일을 허락했다.

7월 1일 ◈ 서독과 당시까지도 존재하고 있던 동독 사이에 경제와 화폐의 통합.

9월 ◈ 미국, 소련, 프랑스, 영국, 폴란드와의 장시간의 논의 후 두 개의 독일 국가들의 통일로의 길이 준비되었다.

10월 3일 ◈ 동쪽과 서쪽에서 수 백만 명의 사람들이 새로운 국가 기념일인 "독일 통일의 날"을 기념하는 축제를 벌렸다. 전쟁이 끝난 후 45년만에 독일은 다시 하나의 주권 국가가 되었으며, 유럽에서 하나의 새로운 시대가 시작되었다.

4. 정당들

독일의 거대한 정당들은 – 알파벳 순서로 – 독일 기독교 민주주의 연합(기민련 CDU), 기독교 사회 연합(기사련 CSU), 자유 민주주의 정당(자민당 FDF), 녹색당 그리고 독일 사회민주주의 정당(사민당SPD)이다.

기민련과 기사련은 연방의회[하원]에서 공동의 교섭단체를 결성하고 있다. 왜냐하면 기사련은 오직 바이에른주에만 있기 때문이다. 기사련은 이 연방주(聯邦州)의 이익을 대변하고 있으며 약간 보수적이나, 그 외에는 기민련과 유사한 목표를 추구하고 있다. 이 두 정당들은 1945년에 창립되었다. 이들의 정치 기반은 특히 기독교적 가치체제, 사회적인 시장경제, 서방[정치]체제에 대한 신뢰, 개인적인 이니시어티브의 장려와 경제 성장이다.

자민당은 중산층과 민간 산업의 정당이다. 이 정당에 투표한 사람들을 위한 조세상의 이익, [군사적인] 긴장완화 정책과 유럽 공동체[현재의 유럽연합]의 촉진이 이들의 목표다.

녹생당은 가장 젊은 정당(연방 수준에서는 1980년 이후부터)이다. 녹색당원들은 환경보호, 군비축소, 여성의 동등한 위치, 보다 직접적인 민주주의와 외국인을 위한 진보적인 법을 쟁취하기 위해 노력한다.

사민당은 가장 오래된 정당(1869년에 처음으로 창립되었으며, 재창립은 1945년)이다. 이 당의 정강은 사회적 생태적으로 이성적인 시장경제, 노동시간의 단축(주당 30시간), 직업 노동과 가사 노동의 대등함, 사회에서 여성들과 남성들의 동등한 위치를 포괄하고 있다. 에서 여성들과 남성들의 동등한 위치를 포괄하고 있다.

5. 독일어 사용 국가들

독일, 오스트리아, 스위스의 한 지역, 제후국(諸侯國) 리히텐슈타인에서 독일어가 말하여지며, 대공국(大公國) 룸셈브르크에서 사람들은 프랑스어와 룩셈부르크어와 함께 독일어로 말을 한다. 그러나 다른 나라들에서도 역시 독일어로 말을 하는 사람들의 집단이 있다. 예컨대 유럽에서는 프랑스, 벨기에, 덴마크, 이탈리아, 폴란드 그리고 독립국가연합[구 소련에 속한 나라]에서 그러하다.

독일, 오스트리아 그리고 스위스는 연방 국가들이다. "스위스연방"("콘페드라치오 헬베티카"–이 때문에 자동차의 국가부호 CH)은 26개의 칸톤[행정구역]으로 구성되어 있으며, 오스트리아 공화국("오스트리아"–자동차의 국가부호 A)은 9개의 연방주로 구성되어 있고, 독일연방공화국은 16개의 연방주로 구성되어 있다. 이상한 것은 브레멘, 함부르크, 베를린의 도시들도 연방주라는 사실이다.

스위스에는 네 개의 공식 언어들이 있다. 이 나라의 서쪽에서는 프랑스어, 무엇보다 테신에서는 이탈리아어, 그라우뷘덴 칸톤의 한 지역에서는 레토로만어 그리고 이 나라의 나머지 대다수의 지역들에서는 독일어가 말하여진다. 독일과 오스트리아의 공식 언어는 독일어이지만, 소수집단들의 언어들도 있다. 독일의 북해 연안의 프리슬란트어, 슐레스비히-홀스타인에서 덴마크어, 작센에서 조르벤어 그리고 오스트리아 연방주인 케른튼에서 슬로베니아어와 세르보크아트어가 있다.

물론 독일어도 모든 지역에서 동일하지 않다. 북독에서 독일어는 남독에서와 다르게 들리며, 동쪽에서 사람들은 서쪽과 다른 억양으로 말을 한다. 많은 지역에서 방언[사투리]도 역시 대단히 생생하게 남아 있다. 그러나 표준독일어는 어떤 지역에서도 이해되어진다.

6. 독일어 – 한 언어인가 아니면 많은 언어인가?

야누아르 혹은 예너[1월]? 플라이셔, 메츠거, 슐라흐너 혹은 플라이쉬하케[도축업자, 정육점 주인]? 아우프 비더제언, 아우프 비더샤우언, 취스, 아데, 퓌에트 디, 바바, 차우, 살뤼[다시 만나길 기대하며, 안녕히 가십시오, 안녕]? 무엇[어떤 표현]이 올바른가?

이는 사람들이 북독에 있느냐, 남독, 오스트리아 혹은 스위스에 있느냐에 달려있으며, 그리고 사람들이 표준어로써 말을 하느냐, 일상어로써 말을 하느냐 혹은 사투리로써 말을 하느냐에 달려있기도 하다. 독일어권 내에서 사투리들은 아주 다양하다. 방언이 곳에 따라 바뀌는 것은 빈번하며, 때때로 한 마을 내에서도 언어 사용의 관행이 차이가 나기도 한다. 이와는 반대로 대도시들에서는 언어 차이의 유려함[매끄러움]이 보여진다. 물론 제각각 그 고유한 특징적인 어법에서 그러하다. 개략적으로 북쪽의 저지독일어 방언들, 그리고 중부독일 방언들, 마지막으로 남쪽의 고지독일(高地獨逸) 방언들로 구분된다.

때때로 "폴라트도이치"[평지 독일어]로 불리워지는 저지독일어 방언들은 많은 점에 있어서 네덜란드어와 영어와도 역시 유사하다. 예를 들면, 저지독일어에서는 *Schiff*[배] 대신에 *Schip*나 *schep*로, *Wasser*[물] 대신에 *water*로, *machen*[만들다, 하다] 대신에 *maken*으로 말하여진다.[4] 대도시들 중에서 함부르크 사람들과 하노버 사람들은 *t* 나 *p* 앞에 놓이는 *s*의 날카로운 발음에서 식별될 수 있다. 독일어로 말하는 다른 지역에서는 "***쉬***톨패르트 만 위버른 ***쉬***피츤 ***쉬***타인"[뾰쪽한 돌 위에 걸려 비틀거린다]이라고 발음하지만, 함부르크 사람들과 하노버 사람들은 (쓰여져 있는 그대로) "**스**톨페르트 만 위버른 **스**피치 스타인"으로 발음한다.

중부 독일어 방언들은 예컨대 서쪽의 라인방언(쾰른과 트리어를 중심으로)와 헤센방언(프랑크푸르트를 중심으로), 그리고 동부 독일의 남쪽의 지역들(라이프치히와 드레스덴을 중심으로)에서 작센방언이 있다. "쾰른 방언"은 특히 카니발 시기에 그 능력을 발휘하여 인정을 받고 있다. 독일 연방 전체에 걸쳐 텔레비전 시청자들은 쾰른의 카니발 현장들과 끊임없이 쾰른 방언의 위트를 쏟아내고 있는 익살꾼들을 보고 있다. 그 외에도 중부 독일의 언어역역의 아주 북동쪽에 있는 "베르르린의 주둥이"가 잊혀져서는 안된다: "이 사람[베를린 사람]이 죽으면 주둥이를 별도로 때려죽여야만 한다". 그리고 베를린 사람은 그의 "거대한 주둥이"에 대하여 아직도 여전히 자부심을 가지고 있다.

고지 독일어 방언지역은 다시 대단히 상이한 방언들을 포괄하고 있다. 슈투트가르트 지역에서 거의 보덴제[보덴 호수]에 이르기까지는 쉬바벤 방언이 말하여진다. 억센 일("억세게 일하다"), 절약과 집짓기가 쉬바벤 사람들에게 전형적인 특징이다. "샤페, 샤페, 호이슬레 바우에 운트 네트 나흐 데 메델레 샤우에"[일하고, 일하고, 집을 지어라, 그리고 아가씨는 쳐다보지 말아라"]라고 잘 알려진 노랫말에서 말하고 있다. 쉬바벤 방언에서 눈에 띄는 것은 많은 축소형 형태(-***le***)와 [동사의] 어미(語尾)-***n***의 생략이다. 바이에른 방언[5]의 언어지역은 연방주인 바이에른과 일치하지 않는다. 말하자면 뷔르츠부르크와 뉘른베르크를 중심으로 한 북바

---

4) 저지독일어 방언들은 5~7세기에 있었던 "고지독일어[표준 독일어] 자음추이"를 함께 하지 않았다. 이 자음추이시에 b, d, g가 p, t, k 로 변했다. 이 자음추이는 고지독일어(중부독일어와 고지대 독일어) 방언들을 다른 모든 게르만 언어들과 구별하게 한다.

5) 사투리 연구에서는 "bairsich [바이에른어의]"로 표기하고, 이와는 반대로 정치/문화적인 과념에서는 "bay(e)risch [바이에른의]"로 표기한다.

이에른에서는 프랑켄 방언이 말하여지고 있다. 이는 바이에른 방언보다 쉬바벤 방언에 더 가깝다. 또 다른 측면에서 보아 바이에른 방언은 바이에른주를 넘어서 오스트리아(포어아를베르크 제외)를 포괄하고 있다. 그리고 다시 스위스의 독일어로 말하는 지역에서 말하여지는 쉬비츠뒤치는 전혀 다르다. 예를 들면 이곳에서는 "그뤼에치"라고 말하며, 이와는 달리 바이에른, 뷔르뎀베르크와 오스트리아에서는 "그뤼스 곧" 그리고 다른 곳에서는 "구텐 탁"[안녕하십니까?]이라고 말하고 있다.

사투리의 차이점들이 특히 괄목할 만큼 드러나는 식사영역에서 유래한 한 예로써 좋은 결론을 도출하고자 한다. 이른바 "독일식 비프스케이크" 혹은 햄버거는 서로 다른 언어영역에서 많은 다른 이름을 갖고 있다. 프리카델리(서쪽/북쪽에서), 블레테(베를린을 중심으로), 클롭스(동쪽에서), 플라이쉬클로스헨(동부 독일의 남쪽 주변), 플라이쉬퀴흘레(남서쪽/프랑켄 지역에서), 플라이쉬플란츨(바이에른의 남동쪽에서), 플라이쉬라이베를, 파쉬어테스 라이베를 혹은 파쉬어테스(오스트리아), 플라이쉬테칠리 혹은 학블레츨리(스위스)로 말하여지고 있다. 여기에서도 바로 상이한 축소형 형태들(*-chen, -le, -(e)l, -erl, -li*)이 남독 지역들에 전형적인 특징들이다. 무엇보다 미국식 간이식당들 중 하나에 가면, 사람들은 기분대로 늘 최선으로 하나의 햄버거("헴뵈르거"로 발음), 치즈버거("취스뵈르거"로 발음) 등에 대해 묻는다.